습관공부
5분만

서울대학교 습관 디자인 프로젝트

습관 공부 5분만

초판 발행 2019년 2월 15일
2쇄 발행 2021년 3월 15일

지은이 고대원, 성은모

펴낸이 이성용
책임편집 박의성 　**책디자인** 책돼지

펴낸곳 빈티지하우스
주　소 서울시 마포구 양화로11길 46 504호(서교동, 남성빌딩)
전　화 02-355-2696 　**팩　스** 02-6442-2696
이메일 vintagehouse_book@naver.com
등　록 제 2017-000161호 (2017년 6월 15일)

ISBN 979-11-89249-11-3 13320

습관공부

5분만

매일 반복하는 작은 습관의 힘을 배웠습니다.

2013년. 대한민국에서 가장 열심히 살 것 같은 서울대학교 사람들과 함께 습관 디자인 프로젝트를 시작했습니다. 여섯 명으로 시작한 이 작은 도전은 2019년 현재 매일 열두 개의 온라인 채팅방에서 500개 이상의 메시지를 공유하는 회원 217명(누적 참여자 1,225명)이 활동하고 있는, 서울대학교에서 가장 큰 습관 모임으로 성장했습니다.

이 습관 디자인 프로젝트의 이름은 하루 5분이라도 습관을 공부하자는 마음으로 정한 '5분만'입니다.

'5분만'에 참여하는 회원들은 학창 시절에 공부를 잘했습니다. 대부분 훌륭한 공부 습관을 가지고 있었죠. 학교 성적이 좋았기 때문에 선생님이나 주변 사람들에게 인정도 받았습니다. 회원들은 중고등학교에서 그랬던 것처럼, 대학교에서도 찬란한 미래가 펼쳐질 것이라 기대했습니다. (저도 막연한 기대로 설렜던 기억이 납니다.)

이미 대학 입시라는 가장 치열하고 어려운 경쟁에서 성공했기 때문에 어떤 일을 해도 잘할 것 같았습니다. 습관 디자인 프로젝트를 서울대학교에서 처음 시작한 이유도 사실 이런 기대감이 있었기 때문입니다.

하지만 대학생활은 우리들의 예상과 달랐습니다. 그동안 고등학교에서 전교 1~2등을 했지만, 그런 학생들만 모인 대학교에서 경쟁하는 건 차원이 다른 문제였습니다. 고등학교 전교 1등과 서울대학교에서의 1등은 전혀 다른 이야기였죠.

그렇게 대학교를 졸업하면 끝날 것 같았던 경쟁은 더 높은 높이로 우리를 기다리고 있었습니다. 그동안 과분하게 받았던 사람들의 인정과 스스로 만든 기대는 무거운 왕관이 되었습니다. 더, 더, 더 높은 벽을 향해 도전하는 느낌입니다.

그 과정에서 부담감을 이기지 못하고 방황하는 사람들을 아주 많이 봤습니다. 더 잘해야 하는데, 너무 잘해야 했던 것입니다.

더 치열한 경쟁도 문제지만, 인생의 방향을 결정하는 것도 큰 부담입니다. 지금까지 해왔던 공부는 스스로와 타인의 인정을 받을 수 있는 가장 확실한 방법이었습니다. 하지만 수학 문제를 잘 푸는 것과 사회생활을 잘하는 것은 달랐습니다. 대학교 졸업 후에 맞닥뜨린 새로운 관문에서 자신이 진짜 원하는 일을 찾고, 성공을 해서 다른 사람들의 인정을 받는 것은 공부보다 훨씬 어렵습니다.

어쩌면, 자신이 원하는 것을 찾아서 더 잘하고 싶다는 바람을 포기할 수 없기에 삶이 더 힘들었을지 모릅니다.

더 발전하고 싶고, 자신의 방향을 확인하고 싶은 사람들이 모여 습관 디자인 프로젝트를 시작했습니다. 습관에 대해 많은 것을 배웠고, 겸손해졌습니다. 처음에는 습관 공부도 수학 공부처럼 잘할 수 있으리라 자신만만했습니다. 그동안 그랬듯이, 더 높은 목표를 설정하고 화려하게 성공하는 모습을 상상하면서 습관 공부를 시작했던 것이죠. 하루 1시간 이상 독서, 매일 미드 1편씩 보고 스크립트 외우기, 매일 2시간 이상 운동하기, 1주일에 1.5킬로그램씩 감량하기와 같이 노력이 많이 필요한 습관이 당연한 것처럼 받아들여졌습니다.

　하지만 작은 습관 하나를 만드는 일조차 쉽지 않았습니다. 많은 사람들이 습관 만들기에 도전하고 실패하고 좌절했습니다. 계속된 실패 끝에 처음부터 새롭게 배운다는 마음으로 습관을 만드는 방법을 공부하고 연습했습니다. 6년 동안 시행착오를 겪으면서 습관을 효과적으로 지속하는 방법을 함께 고민하고 실천하면서 습관 시스템을 개선했습니다.

그 과정은 지루했지만, 꾸준함은 우리를 배신하지 않았습니다.

습관 공부를 하면서 얻은 가장 큰 소득은 역설적으로 '소소하지만 확실한 행복'이었습니다. 크고 대단한 것을 하겠다고 마음먹고 세운 계획들은 모두 실패했습니다. 실제로 우리들의 삶을 바꾼 습관은 하루 물 1리터 마시기, 하루 책 한 쪽 읽기, 하루 영어단어 2개 외우기, 다이어트를 위해 간식 20분 늦게 먹기와 같이 작고 사소한 것들이었습니다. 너무 작고 사소해서 시시할 정도였습니다.

그 작은 습관들에 성공하면서 스스로의 자존감을 높이고, 매일 밤 11시에 습관 현황을 공유하고 다른 사람들과 대화를 나누며 함께 배웠습니다. 습관 행동과 실천 시간대를 조금씩 조정하면서 나에게 맞는 패턴을 찾기 위해 노력했습니다.

어떤 습관을 어떻게 할 것인지에 대한 고민은 자연스럽게 자신의 정체성에 대한 생각으로 이어졌고, 마침내 새로운 나를 발견할 수 있었습니다. 이런 습관 성장의 과정은 모두 누적숫자로 기록을 남기고 100일 달성에 성공할 때마다 기념이 되는 습관 상장도 받았습니다. 특별히 공부를 잘하지 않아도 할 수 있었던 것들입니다.

사소한 습관의 효과는 작지 않았습니다. 처음에는 일상생활의 작은 변화로 시작해서, 무언가 잘되는 느낌에 조금씩 용기를 더 내 많은 활동들을 이룰 수 있었습니다. 어떤 사람은 원하는 자격 시험에 합격했고, 실내 자전거를 누적 2,000킬로미터 이상 타거나 체중을 7킬로그램 이상 줄인 사람도 있습니다. 자신이 읽고 쓴 글을 모아 직접 책을 내기도 하고 습관 관리 소프트웨어를 직접 개발해 회원들과 함께 사용하기도 합니다.

가장 큰 보람은 스스로 변화하면서 자존감이 강해지는 것이었습니다. 작은 시작이었지만, 습관 공부가 익숙해지면서 변화의 속도는 점점 더 빨라지고 있습니다.

습관 공부로 인한 변화는 마법이 아닙니다. 시작부터 끝까지 일정한 순서가 있습니다. 그 첫 번째 단계는 습관을 시작하기 전 완벽하게 성공하겠다는 마음을 버리고 시행착오를 하면서 작게 하겠다고 마음먹는 것입니다. 그리고 나 자신을 구체적으로 이해하고 SWOT 분석과 버킷리스트 전략을 활용해 내게 맞는 습관을 선택하는 것이 두 번째 단계입니다.

습관을 결정한 후에는 세 번째 단계로 습관 행동을 하는 시간대와 방법을 찾습니다. 여기서는 최대한 의지를 적게 사용해 습관 행동을 쉽게 하는 끼워 넣기 전략과 환경 설계에 대해 이야기합니다. 마지막 단계에서는 인증 방법과 시즌리포트 작성 등 일정한 규칙이 있는 커뮤니티를 통해 함께 습관을 공부하고, 습관 결과물은 언제라도 인증 가능한 형태로 기록하고 공유합니다.

작은 습관을 통한 변화는 여러분이 생각하는 것처럼 엄청난 의지와 노력이 필요한 것이 아닙니다. 저도 처음에는 소수의 아주 뛰어난 사람들만 새로운 습관을 지속할 수 있다고 생각했습니다. 하지만 실제 경험을 통해 누구나 습관을 공부할 수 있다는 확신이 들었습니다. 습관을 만드는 데 필요한 몇 가지 원칙과 방법을 배우고 연습하면 누구나 원하는 습관을 만들고 실질적인 변화를 이룰 수 있습니다.

그리고 실제로 많은 사람들이 습관 공부를 통해 작지만 확실한 성장의 기쁨을 경험하고 있습니다.

'가벼운 마음'으로 '하루 5분만'으로 이룰 수 있는 변화!

지금부터 그 자세한 이야기를 시작하겠습니다.

차례

1부

우리가 습관을
공부하는 이유

1부
우리가 습관을
공부하는 이유

01

습관 공부를 시작하다

"사람이 가장 확실하게 성장할 수 있는 방법은 무엇일까?"

대학생 시절부터 제 머릿속을 맴돈 질문입니다. 처음에는 개인의 성장을 돕는 특별한 비법이 있을 것이라고 믿었습니다. 그래서 '성공하는 사람들의 7가지 습관'이나 '데일 카네기 프로그램' 같은 다양한 리더십 프로그램을 들으며 그곳에서 추천하는 방법을 열심히 실천했습니다. 덕분에 제법 이름이 알려진 리더십 프로그램의 전문 강사 자격도 취득할 수 있었죠. 대기업 인재개발원에서 교육 업무를 담당하며 관련 업무를 직접 진행하기도 했습니다.

성장에 대한 해답을 찾기 위한 노력은 계속되고 있지만, 이 질문에 대한 답을 찾기란 쉽지 않습니다. 세상이 제시하는 '비법'들은 미묘하게 저와 맞지 않았습니다. 일반적인 메시지들이 많았기 때문입니다. '끝을 생각하며 시작하라', '끊임없이 쇄신하라' 등의 메시지들은 충분히 이해했지만, 그것을 일상생활에 적용하려면 어떻게 해야 할지 막막한 부분이 있었습니다.

또한 프로그램의 내용이 대부분 정형화되어있기 때문에 다양한 사람들의 니즈를 모두 담아내기에는 한계가 있습니다. 예전과는 달리 시간에 구애받지 않는 프리랜서가 최근 많아졌지만 여전히 아침형 인간만이 최고라고 주장하는 것과 비슷한 맥락입니다. 이런 종류의 리더십 프로그램들은 1980~90년대에 전성기를 이루며 기업교육의 많은 부분을 차지했지만, 그 이후에는 인기를 지속하지 못하고 있습니다.

저는 고민 해결의 실마리를 말콤 글래드웰의 책《아웃라이어》에서 발견했습니다. 말콤 글래드웰은 이 책에서 성공에는 '우연'이 큰 역할을 한다고 이야기합니다. 기록적인 성공을 거둔 마이크로소프트의 빌 게이츠, 오라클의 마크 허드, 애플의 스티브 잡스는 우연하게도 1950년대 초중반에 태어나 1970~1980년에 사업을 시작했습니다. 무슨 의미일까요? 그 사람의 능력도 중요하지만, 성공하기 위해서는 시대의 흐름과 시기가 잘 맞아야 한다는 뜻입니다.

결국, 성공이란 외부적인 요소로 결정될 수 있다는 이야기죠.

01 습관 공부를 시작하다

저는 이 책의 메시지에 큰 충격을 받고 방황하기 시작했습니다. '정말 성장을 위한 비법은 없는 걸까?' 그러다 2012년, 우연히 책을 아주 좋아하는 박학다식한 사람을 만나게 되었습니다. 책을 두고 출근하는 날이면 금단현상 때문에 손이 떨릴 정도로 책을 좋아하는 사람이었죠.

저는 똑똑해지고 싶었고, 똑똑해지기 위해서는 책을 많이 읽어야 한다고 생각하던 사람이었습니다. 만나기 전부터 저는 그를 한 권의 책을 완독하는 데 한두 시간이면 충분하고, 한 번 읽은 내용은 절대 잊지 않는 '슈퍼 능력자'라고 단정했습니다.

첫인상은 '대실망'이었습니다. 제가 만난 사람은 상상 속의 인물과는 완전히 다른 사람이었습니다. 책을 읽는 속도도 느리고, 글을 쓰는 속도는 더 느렸습니다. 일주일에 두 권을 채 못 읽는 사람이었고, 1시간에 대여섯 줄 정도밖에는 글을 쓰지 못했습니다.

하지만 그의 이야기는 굉장히 놀라웠습니다. 학교에 다닐 때도, 회사에 출퇴근하는 지금도 그는 항상 왕복 2시간을 지하철에서 보내야 했습니다. 자신이 책을 읽는 습관을 가지게 된 것도 다 이동거리 때문이었다고 하네요. 지하철을 타면 묻지도 따지지도 않고 책을 읽었다고 합니다. 그게 습관이 되었으니까요.

1부 우리가 습관을 공부하는 이유

글을 쓰는 습관도 굉장히 느린 속도로 완성되었습니다. 매일 하루 1시간씩 글을 써서 다섯 줄을 모으고, 매주 일요일 블로그에 정리해서 올렸다고 합니다. 그렇게 일주일에 하나씩 올리다 보니 1년 동안 52개 이상의 글을 쓸 수 있었습니다. 지금까지 쌓아온 글이 무려 914개가 되었다고 하니 그 숫자만으로도 충분히 멋진 습관이라고 볼 수 있습니다. 지금도 본업 외에 새로 나온 책 서평, 제품 리뷰 등 다양한 주제의 글쓰기 습관을 지속하고 있답니다.

914개의 글을 쓰며 13년이 넘는 시간 동안 꾸준하게 내공을 쌓은 사람을 쉽게 따라할 수 없습니다. 그렇다고 이 성취가 꼭 능력의 문제는 아닙니다. 제가 느낀 그대로를 문장으로 옮기면 이렇습니다.

'습관을 쌓으면서 시간과 친구가 되면 엄청난 성장을 할 수 있다.'

── 습관 디자인 프로젝트의 시작

서울대학교 교육학과 석사과정을 시작하면서 제가 선택한 첫 번째 습관은 '매일 스스로에게 작은 칭찬하기'였습니다. 대학원생활은 제게 엄

시간과 친구가 되세요.

청난 자존감 하락을 불러왔기 때문입니다. 엄격한 학문의 세계에서는 칭찬보다는 훈계가 주된 교육 방침이었고, 저는 그런 교육 방침 때문에 스스로를 질책하고 불신하게 되었습니다. 그게 쌓이다 보니 마음의 병이 되었고요.

제2의 전성기를 맞은 코미디언 이영자 씨는 과거 한 잡지와의 인터뷰에서 이렇게 말했습니다. "코미디언 시험을 여덟 번 연속으로 떨어지고 나서 집에 돌아오는 길에 한강 다리를 걸으며 이런 생각을 했어요. '세상이 나를 인정하지 않으니 나라도 나를 위로해야겠다.'"

이영자 씨의 상황이 꼭 제 상황이었습니다. 스스로를 위로하기 위해서라도 나를 칭찬해야 했습니다.

저는 낮아지는 자존감을 되살리기 위한 습관을 고민했고, 스스로를 칭찬하는 것을 새로운 습관으로 선택했습니다.

칭찬 습관을 처음 시작했을 때는 칭찬 하나 적기도 어려웠습니다. 매일 칭찬을 하려면 사소한 행동까지 파고들어야 했고, 막상 찾은 행동도 생각해보면 너무 시시해서 잘한 일이라고 하기 부끄러웠습니다.

지금에서야 생각해보면 엄격한 기준에 익숙해져 있던 저에게 '잘함의 기준'은 생각보다 무척 높았던 것 같습니다. 탄산음료를 먹지 않은 것, 엘리베이터 대신 계단을 이용한 것을 잘했다고 칭찬하는 게 참 남사스러웠죠.

습관에 대한 회의감도 드문드문 고개를 들었습니다. '과연 이 행동이 무슨 의미가 있을까….' 어떨 때는 습관의 목표가 그저 효과를 체험하기 위해서인 것 같기도 했습니다.

　그럼에도 꿋꿋하게 습관 공부를 계속했습니다. 꾸역꾸역 해나가던 어느 날, 칭찬 포스트잇으로 가득한 창문이 보이기 시작했습니다. 습관 공부를 시작한 지 두 달이 지났을 때였습니다.

습관 공부를 시작하면서 스스로에게 동기를 부여하기 위해 칭찬을 포스트잇에 적어 창문에 붙였는데, 두 달 사이 창문의 절반을 채울 수 있었습니다. 그리고 느꼈습니다. 내 손으로 만든 벽이 참 아름답다는 것을요. 제 마음도 건강해졌고, 높아진 자존감 덕분에 무사히 석사과정을 마칠 수 있었습니다. 사소한 반복이 유의미한 성과로 이어질 수 있다는 사실을 직접 체험하는 소중한 경험이었습니다.

저는 이 경험을 사람들과 나누고 싶어졌고, 그렇게 습관 디자인 프로젝

사소한 반복은 반드시 유의미한 성과로 이어집니다.

트 '5분만'이 시작되었습니다. 2013년 말부터 서울대학교 커뮤니티에서 함께할 사람들을 모집했는데, 처음 2년 동안 다섯 번의 실패를 경험했습니다. 습관이 중요하다는 것은 알았지만, 습관을 정착시키기 위한 명확한 방법이 담긴 매뉴얼이 없었기 때문입니다.

저 또한 이때까지만 해도 그저 약간의 습관 노하우를 가진 정도이지 프로젝트를 운영할 만큼의 지식과 경험이 부족했습니다. 제가 경험한 효과를 모임 전체로 확대하기 어려웠고, 모임의 결성과 해산이 반복되었습니다. 하지만 저는 포기하지 않고 습관을 구성하는 요소들의 이론적 지식을 강화했고 습관 시스템을 개선했습니다.

그 결과 '5분만'은 한 시즌당 약 200명의 참가자들이 서로의 습관을 공유하고 격려하며 활발하게 운영되는 모임으로 발전했습니다. 설문조사를 해보면 모임의 만족도는 5점 만점에 4.5점이었고, 실제로 자신의 꾸준함이 개선되고 있다는 대답도 5점 만점에 4.3점일 정도로 효과를 거두고 있습니다. 긍정적인 피드백도 물론 많았고요.

● 조금이지만 좋은 습관들이 생겨가고 있는 것 같아 기쁩니다.

● 다른 사람들과 서로 열심히 습관을 독려하는 것이 즐거움입니다.

1부 우리가 습관을 공부하는 이유

모든 것을 잘할 것 같은 사람도 실제로는 다른 사람들과 똑같이 고통을 느끼고 똑같은 어려움을 느끼며 살아가고 있음을 우리는 알아야 합니다. 대한민국에서 공부 하나로는 최고라는 소리를 들었던 '5분만'의 회원들도 그랬습니다. 하지만 그들은 더 큰 성장을 위해 습관으로 방향을 설정하고, 일상에서 경험한 습관의 효과를 성과로 연결하기 위해 또다시 노력하고 있습니다.

'5분만'을 운영하면서 얻은 습관 디자인의 핵심은 다음과 같습니다.

❶ 습관을 공부하라

대부분은 습관을 의지와 노력의 산물이라고 생각할 것입니다. 자기 관리가 완벽한 소수의 사람들이 천성적으로 타고난 암묵지 성격의 능력이라는 것이죠. 그들에게 비결을 물어보면 "그냥 약속을 정하고 열심히 했다"라는 말 정도만 들을 수 있었습니다.

우리가 새로운 습관을 들이는 데 실패하면 대체로 그 원인을 방법이 아닌 자신에게서 찾습니다. 자신이 나태했기 때문이라며 스스로를 자책하죠. '5분만'에 참여한 사람들도 스스로를 성실하지 않다고 생각하는 경우가 많았습니다. 한때 인내력과 끈기로 최고의 성과를 낸 사람들임에도 불구하고 말이죠.

우리는 우리가 습관 디자인에 실패하는 원인을 지나친 완벽주의에서 찾았습니다. '5분만'의 회원들은 분명 어떤 면에서는 최고의 성과를 달성한 사람들입니다. 하지만 그들이 거둔 최고의 성과가 너무 무거운 왕관이었다는 점이 문제입니다. 전력을 다해 공부했고, 좋은 대학교에 들어오는 데 성공했지만, 그 성공의 경험은 입학과 동시에 기준이 되어버렸기 때문입니다.

제 경우 고등학교 마지막 1년 동안 매일 15시간을 공부했는데, 대학교 입학 후 10시간을 공부해도 충분히 노력했다는 느낌이 들지 않았습니다. 저의 최대치가 15시간 공부였기 때문이죠. 공부에만 전념했던 그 시절 최고의 성과들이 기준이 되면 그 이후에는 무언가를 시작하기 쉽지 않습니다. 설령 시작한다고 해도 높은 기준에 질려 충분한 노력을 하지 못하는 경우도 많습니다.

외부의 시선도 부담을 한층 가중합니다. 어떻게든 해낼 것이라는 주변의 기대, 뭔가 다른 것을 해낼 것이라는 주변의 시선이 압박이 되는 것이죠. '강남 스타일'로 전 세계적인 스타가 된 싸이는 한 매체와의 인터뷰에서 가장 힘들었던 시기로 성공을 거둔 직후를 꼽았습니다. 예상하지 못한 성공과 높아진 기대감, 성공을 이어가야 한다는 압박감이 몇

문제는 너무 무거운 왕관입니다.

년간 그를 슬럼프에 빠지게 했다고 하네요. 아직도 그는 '강남 스타일'이 왜 인기를 끌었는지 알지 못한다고 합니다.

'5분만'을 운영하면서 높은 수준의 기준에 맞춰 습관을 디자인하고 공부한다면 실패할 확률이 매우 높다는 사실을 알게 되었습니다. 실제로 매 시즌 20퍼센트의 참가자들이 실패를 선언하고 중도에 포기합니다. 스스로의 기대와 실제 상황이 완전히 달랐기 때문입니다.

　우리가 습관을 배워야 하는 이유가 바로 여기에 있습니다.

어려운 상황에도 습관을 지속하기 위해 우리는 습관을 배워야 합니다.

저는 물에서 노는 것을 좋아합니다. 바다에서 처음 수영을 했을 때도 그저 재미있었습니다. 좀 더 잘하고 싶은 마음에 수영을 배우기 시작했는데, 각 영법별로 정확한 동작과 호흡, 턴 등을 전문적으로 배운 사람들을 이길 수가 없더라고요.

　습관도 마찬가지입니다. 하지만 우리는 습관을 배워야 한다는 생각을 해본 적이 없습니다. 그저 '의지'를 가지고 열심히 '노력'해야 한다고만 알고 있죠.

　습관을 실행하는 마음가짐부터 목표를 세우는 법, 자신을 이해하는 도구와 그 활용법, 습관 행동을 하는 시간대와 기록 방법, 효과적으로 습관 행동을 하기 위한 환경을 설계하는 법까지 모두 공부해야 합니다. 우리가 습관에 대해 알아갈수록, 그 지식을 연습할수록 습관은 단단해지고, 효과적으로 지속할 수 있습니다.

무엇보다 습관을 공부한다는 생각 자체가 큰 의미가 됩니다. 서울대학교 습관 디자인 프로젝트 '5분만'을 처음 시작할 때 회원들의 투표를 통해 슬로건을 결정했는데요. 참신한 문장들이 많았지만 결국 선택을 받은 것은 "습관을 배우다"였습니다. 마치 수영 영법을 배우고 훈련하는 것처럼 습관 또한 배우고 연습해야 한다는 사실을 우리 모두 깨달은 것이죠.

❷ 누적숫자로 관리하라

우리는 누적된 습관이 주는 심리적인 효과에 주목해야 합니다. 대부분의 사람들은 습관 공부를 시작할 때 실제적이고 즉각적인 효과를 기대합니다. 예를 들면, 팔과 몸의 근육을 발달시키기 위해 팔굽혀펴기를 시작합니다. 생각해보면 당연하죠. 하지만 팔굽혀펴기는 근육 성장 외에도 다른 효과가 있습니다.

습관의 심리적인 효과가 실제 효과보다 더 중요할 수 있습니다. 심리적인 효과는 바로 자존감의 향상입니다.

● 퇴근 후 가방을 싸는 습관을 시작했어요. 가방을 다시 싸면서 미루고 하지 않았던 일들을 처리하게 됩니다. 별거 아니지만, 가방 싸는 습관이 내 삶을 바꾸는 게 느껴집니다.

● 독서를 습관으로 하면서 자신감 같은 게 많이 생겼어요. 그 자신감의 기저에는 내가 이렇게 꾸준히 읽고 쓰는데 못할 게 뭐가 있겠냐는 기대가 있던 것 같습니다. 이게 쌓였을 때 나는 정말 내가 원하는 나에 더 가까워졌겠구나라는 생각을 하게 되었습니다.

팔굽혀펴기, 책 한 쪽 읽기, 하루 턱걸이 30초 하기 등 작은 습관을 시작하면서 '5분만' 회원들은 자신이 무엇이든 할 수 있다는 것을 확인하게 됩니다. 작지만 무언가 되고 있는 것이죠.

이런 작은 성공이 반복되면 시간이 지나면서 스스로의 가치를 인정하게 되고 더 큰 도전을 할 수 있습니다. 가방 싸기에서 시작해 출근길 독서 5분 하기, 하루 스쿼트 30개 하기와 같은 것들로 말이죠.

이렇게 자신이 무언가를 할 수 있다는 믿음을 '자기효능감'이라고 하는데, 자존감을 향상시키는 데 큰 도움이 됩니다.

'5분만'에서는 작은 성공을 증명할 수 있도록 누적숫자를 활용합니다. 자신이 오늘 몇 번의 습관 행동을 했고, 지금까지 얼마나 했는지 명확한 기록으로 남기는 것이죠. 예를 들어, 오늘 책을 다섯 쪽 읽고 지금까지 50쪽을 읽었다면, 5/50으로 기록합니다.

습관이 어떤 종류의 것인지는 크게 중요하지 않습니다. 자신이 무언가를 계획해서 실제로 성취하고 있다는 사실을 쌓여가는 숫자를 통해 인지하는 것이 중요합니다. 그 심리적인 믿음이 정서 안정에 기여하고, 실제 성장을 도모합니다.

제가 습관의 심리적인 효과에 주목하게 된 계기는 서울대학교 교육학과 대학원에서 진행했던 질적 연구 덕분이었습니다. 질적 연구란 일정한 대상과 지속적인 심층 인터뷰를 통해 현상에 대한 깊은 이해를 구하는 연구 방법입니다.

제가 선택한 집단은 플래너를 3~5년 동안 지속적으로 사용한 그룹이었습니다. 제가 2년 넘게 참여했던 곳이기도 하고요. 당시 제가 선택한 연구 주제는 "플래너를 오래 쓰면 대체 어떤 점이 가장 좋은가?"였습니다. '3년 넘게 플래너를 사용한 사람들의 특별한 효과를 알면 사람

01 습관 공부를 시작하다

들이 플래너를 더 잘 쓰지 않을까?'라는 생각이었죠.

제가 예상했던 대답은 '생산성이 높아져서 좋다', '하루를 계획적으로 살게 되었다' 등 실제적인 효과에 관한 이야기였습니다. 자기계발서에서 봤던 내용들 말이죠.

하지만 그들이 했던 대답은 저의 예상과 전혀 달랐고, 지금까지도 제 기억에 남아있습니다.

● 몇 권이나 쌓인 플래너들을 보면 내가 그동안 마냥 놀고 있지만은 않았구나 하고 위안이 돼요.

위안감이라니…. 그들에게 플래너 작성 습관은 스스로의 가치를 확인하는 마음의 안식처였습니다. 심리적인 효과가 플래너를 쓰는 본질이었던 것입니다. 그 후로 습관의 심리적인 관점에 집중했는데, 습관 모임 참여자들에게도 플래너 사용 그룹과 비슷한 경험을 들을 수 있었습니다.

앞서 이야기한 것처럼 서울대학교 사람들은 무슨 일이든 반드시 잘해야 한다는 큰 부담을 가지고 생활을 합니다. 그리고 그 압박감은 스스로의 활동 범위를 제한합니다. 압박감을 벗어나기 위해서는 하루 물 1리터 마시기, 집에 와서 바로 씻기 등 평소에 하고 싶었지만 못 했던 작은 습관을 실행하면서 나만의 성공 경험을 쌓고, 구체적인 누적숫자로 성공의 경험을 나와 타인에게 증명해야 합니다.

작은 성공을 통해 몇 번의 만족스러운 느낌을 경험하면 원래 가지고 있던 성실과 노력을 다해서 더 좋은 습관들을 하게 됩니다. 이러한 습관의 선순환 구조가 반복되면 실제 업무의 변화를 가져오는 습관까지 확장하게 되고 성과를 거두게 됩니다.

누적숫자로 쌓은 작은 습관은 눈에 잘 띄지 않습니다. 하지만 눈에 보이지 않는 변화가 먼저 이뤄져야 눈에 띄는 변화를 이룰 수 있습니다. 습관 모임을 통해 매일 변화를 연습하면서 비로소 우리들은 작은 습관이 인생을 바꾼다는 말을 이해하게 되었습니다.

❸ 다른 사람과 함께하라

습관 시스템을 아무리 탁월하게 구축했다고 할지라도 혼자 습관 공부를 시작하는 일은 분명 어렵습니다. '5분만'에 참여한 회원들은 모두 혼자서 습관 공부를 시작했다가 실패를 반복한 경험을 가지고 있었죠.

낯선 시스템에 익숙해지기 위해서는 시간이 필요합니다. 이 시간을 단축하는 가장 효율적인 방법은 바로 함께하는 것입니다. 경쟁을 통한 자극과 공감을 통한 위로는 커뮤니티 활동의 가장 큰 장점입니다.

● 다른 사람들의 활동을 보면서 나도 열심히 해야겠다는 자극을 받았습니다.

● 습관을 공유했다는 카톡 알림이 울리면 깜빡하고 있던 습관 활동이 떠올라서 시작하게 됩니다.

● 모임에 참여하는 자체가 스스로를 의식하게끔 해줍니다.

이처럼 비슷한 목표를 가진 사람들이 모여 각자의 이야기를 공유하는 것은 습관 공부의 큰 동기부여가 됩니다.

다른 사람의 습관 활동을 참고삼아 자신의 습관 디자인에 추가할 수도 있습니다. 한 회원은 '매일 하나씩 청소하기'를 습관으로 디자인했습니다. 한꺼번에 청소하는 게 너무 어려웠던 그 회원의 습관 목표는 하루에 하나라도 정리를 함으로써 공간과 마음을 평온하게 하는 것이었죠. 습관의 취지에 공감한 몇몇 회원이 그 회원의 습관을 자신의 습관 목록에 추가하기도 했습니다. 그동안 생각조차 하지 못했던 습관을 다른 사람의 습관을 통해 공부할 수 있게 된 것이죠.

'멀리 가려면 함께 가라'는 말이 있습니다. 습관 공부의 여정은 물리적으로도 심리적으로도 굉장히 먼 길입니다. 여정의 끝에서 우리를 기다리고 있는 좀 더 나은 나를 만나기 위해서는, 그리고 그 길 위에서 지치지 않기 위해서는 서로를 의지할 수 있는 동료의 존재가 반드시 필요합니다.

— 5분만 Tip —

습관 디자인의 핵심은 ①습관을 공부할 것 ②누적숫자로 관리할 것 ③다른 사람과 함께 할 것 이 세 가지입니다. 어려운 상황에도 습관을 지속하려면 의지만으로는 부족합니다. 습관을 공부하겠다는 마음가짐으로 습관을 알아간다면 습관 자체뿐만 아니라 나 자신이 단단해질 수 있습니다. 또한 누적숫자를 관리함으로써 자존감을 강화할 수 있고, 다른 사람과 함께함으로써 자극과 위로를 동시에 얻을 수 있습니다.

01 습관 공부를 시작하다

5분만 Q&A
30대 중반에 습관 공부를 시작하다

2018년 1월부터 습관 모임 '5분만'에 참여한 이수진 회원은 30대 중반의 평범한 직장인입니다. 하루에 자전거 5분 이상 타기로 '내꺼하나'에서 습관을 쌓아가기 시작한 이수진 회원은 운동 습관에 조금씩 익숙해지자 6월부터 '먹은거'에도 참여하면서 다이어트를 위한 식단 관리를 시작했습니다. 8월부터는 독서모임과 개선일지 작성 모임에 참여하기 위해 스스로 준비를 하고 있습니다. 그녀의 이야기를 들어볼까요.

Q 습관 모임 '5분만'에 참여하게 된 계기가 무엇인가요?

A 저는 이 모임의 존재를 직접 알아내 신청한 경우는 아닙니다. 습관 모임('5분만'의 전신)을 하고 있던 친한 동생의 추천으로, 다소 타의에 의해 습관 모임을 시작하게 되었습니다. '이런 습관을 가지고 싶다'가 아니라 지인의 강력한 추천에 '운영자는 어떤 사람일까?' 정도의 호기심을 가지고 어영부영 습관 모임을 시작했죠.

Q 모임에서 어떤 습관을 선택했고, 결과는 어떤가요?

A 저에게는 다이어트가 가장 큰 숙제였기 때문에 습관은 '하루에 5분

이상 자전거 타기'로 시작했습니다. 사놓고 한 번도 타지 않은 실내용 '숀리 바이크'를 활용해보겠다는 생각이 들어서였습니다. 자취 기념으로 부모님께서 선물해주셨지만, 어느 새 옷걸이로 전락하고 말아 애물단지가 된 자전거 말입니다. 그 후로 하루에 한 번씩은 꼭 자전거 위에 올라가려고 노력했던 것 같습니다. 야근이 꽤 있는 회사를 다니면서 회식 등 몇 번 위기가 올 뻔도 했지만 5분 정도는 아무리 피곤해도 후딱 해치울 수 있는 정도였기에 포기하지 않고 해나갈 수 있었던 것 같습니다.

조금씩 자전거 타는 것에 익숙해지면서 수준을 조금씩 늘려갔고, 그 결과 현재 자전거를 탄 누적거리는 2,343킬로미터가 되었습니다. 인천 → 서울 → 부산까지 국토종주가 633킬로미터이니 국토종주를 3.5회 정도 한 셈입니다.

지금은 바이크에 무리가 왔는지 '삐그덕' 소리가 나고 있습니다. 예전에는 상상도 할 수 없는 일이죠. 그 후로 '먹은거'에도 참여했고, 2018년 1년간 약 5.5킬로그램 정도 감량에 성공했습니다.

Q 습관을 유지하면서 가장 크게 느낀 점은 무엇인가요?

A 일단 습관에 익숙해지고 나니 엄청난 동기부여에 의해 시작한 사람들과 효과는 다를 것이 없다는 점이었습니다. 저는 외부의 강력한

추천으로 반신반의하며 시작했지만, 결과적으로는 큰 효과를 봤습니다. 즉, 시작이 어찌되었든 아무 생각 없이 그냥 꾸준히 하면 성과가 난다는 것입니다.

습관 공부를 시작하고 나서도 한두 달 동안은 큰 감흥이 없었지만, 그런 과정에서 성과가 나지 않는다고 초조해하지 않고 '그냥' 할 일을 한다는 느낌으로 지속한 덕분에 이런 결과가 나올 수 있었다고 생각합니다.

Q 습관 모임의 가장 큰 장점이 무엇인가요?

A 조금 불편하기도 하지만, 내가 했는지 안 했는지를 누군가가 신경 써서 보고 있다는 게 확실히 효과가 있는 것 같습니다. 나 자신과의 약속일 뿐 아니라 다른 사람들과의 약속이라고 생각하니 더 어기고 싶지 않았습니다.

회식을 다녀와서 쓰러져 자다가도 새벽에 벌떡 일어나 '습관 해야지'라는 생각으로 5분 이상 자전거를 돌리는 저의 모습이 정말 신기하게 느껴졌습니다. 사무실 간식 안 먹기, 혼술 안 하기 등도 모임에 공표해놓으니 정말 먹고 싶었지만 확실히 참을 수 있을 정도가 되었습니다.

Q 습관 행동을 하면서 어떤 점을 조심해야 할까요?

A 처음부터 목표를 너무 높게 잡는 것은 실패할 확률이 높습니다. 아주 사소한 것이라도 '꾸준히' '매일' 하는 습관을 만든 후 서서히 피치를 올리는 것이 안전합니다. 습관 행동을 하다 보면 예상치 못한 외부요인 때문에 못 하게 되는 날이 생길 수밖에 없습니다. 높은 의욕으로 완벽한 목표를 세워 놓으면 달성하기가 어렵습니다. 습관 행동을 못 하게 되는 날이 하루 이틀 쌓이다 보면 '이렇게 구멍이 났는데 그냥 그만두고 다음 기회에 다시 잘 해보자'라는 생각이 들게 됩니다. 결국 습관을 포기하게 되는 것이죠.

그렇기 때문에 처음부터 이상적인 목표를 세웠다 중도에 그만두는 것보다는 작은 목표라도 안 하다가 하는 것이 이후 목표를 올리는 기쁨도 있고, 훨씬 의미가 클 수 있습니다. 0에서 1로의 변화가 1에서 100으로의 변화보다 유의미할 수 있는 것이죠.

너무 완벽하게 하려고 하는 것도 위험요소입니다. 하루 이틀 정도 못 했더라도 좌절하고 아예 그만둘 것이 아니라 다음날 다소 뻔뻔하게 계속 해왔던 사람처럼 인증하는 것이 중요합니다. 그래야 단기적으로 몇 번은 실패하지만 장기적으로는 성공할 수 있습니다.

핵심은 '그냥', '꾸준히' 하는 것이 중요하다는 것입니다.

01 습관 공부를 시작하다

Q 마지막으로 하고 싶은 이야기가 있나요?

A 습관 모임의 존재를 알기 전에는 제가 아무 계획 없이 살고 있다는 것을 인지하지 못했습니다. 성인이 되어도 여전히 가지고 싶은 습관을 체득하는 것에는 큰 의지가 필요합니다. 저도 '운동은 해야지… 해야 되는데…', '책도 봐야지… 봐야 되는데…'라는 생각만 했지 실행에 옮길 생각은 하지 못하고 있는 상태였습니다. 그러다가 우연한 계기로 사소하게 시작했고, 지금은 조금의 변화를 이뤘다고 생각합니다.

이 모임은 저에게 생각만 하고 있는 상태에서 실제로 하게 만들어주는 계기가 되어줬고, 의지가 약해지려고 할 때 버티게 해주는 원동력이 되어줬습니다. 습관 모임을 통해 조금씩 변해가는 저를 볼 때마다 즐겁고, 다음에는 어떤 것들을 계획할까 고민하는 것도 즐겁습니다. 이런 모임을 만들어주셔서 감사합니다.

02

습관의 과학

마음가짐을 새롭게 하고, 시스템을 완벽하게 구축하고, 함께할 든든한 동료를 구했더라도 습관을 공부하는 것은 여전히 어려운 일입니다. 습관 공부를 어렵게 만드는 주적은 바로 '뇌'입니다. 여기서는 뇌의 작동 원리를 간단하게 살펴보고 습관 공부를 좀 더 쉽게 시작할 수 있도록 뇌의 틈을 파고드는 전략을 소개합니다.

──● 변화를 두려워하는 뇌

뇌는 우리가 익숙하지 않은 행동을 할 때, 즉 변화하기 위해 새로운 습관을 공부할 때 생존에 위협을 받고 있다고 인식합니다. 그래서 새로운 습관에 저항하고, 하지 않아야 할 수많은 이유들을 찾아내 우리를 설득하기 시작합니다. 변화가 빠르면 빠를수록 저항도 격렬해지죠.

중뇌에 위치한 편도체는 이런 경고 기능을 담당합니다. 편도체의 경고 시스템은 원시시대부터 지금까지 인류의 생존에 큰 역할을 하고 있습니다. 우리가 생명을 위협할 정도의 위험에 처했을 때 논리적, 이성적으로 대응하는 것이 아니라 몸이 먼저 반응하는 것도 편도체 덕분입니다. 오직 그 위험을 벗어나는 데 최선을 다하는 것이죠.

문제는 편도체의 경고 시스템이 일상생활에서도 작동한다는 것입니다. 우리들이 평소 행동과 다른 행동을 하면 뇌는 이를 위험 상황으로 판단하고 다른 행동을 하지 못하게, 즉 회피하기 위해 강력한 호르몬을 방출하죠.

뇌가 위험으로 판단하는 것들은 '다이어트', '금연', '운동'이 대표적입니다. 편도체 입장에서는 몸이 평소에 하지 않던 것들이니 당연히 막아야 하는 행동으로 인식하는 것이죠.

이런 뇌의 경고 시스템을 무력화하기 위해서는 어떻게 해야 할까요? 정답은 간단합니다. 바로 뇌를 속이는 것! 우리는 뇌가 인지하기 어려울 정도의 작은 변화를 시도하고 지속함으로써 뇌를 속일 수 있습니다.

작은 변화는 아주 작은 습관으로부터 시작할 수 있습니다. 게다가 작은 습관이 자리 잡아 뇌가 변화를 긍정적인 것으로 인식하게 되면 습관을 적극적으로 장려하기까지 합니다. 자신의 생존에 도움이 되는 활동으로 인정받은 셈이죠.

서울대학교 습관 디자인 프로젝트의 이름이 '5분만'인 이유도 여기에 있습니다. 습관 시스템에 아직 적응하지도 못했는데 뇌가 저항하게 되면 실패는 불 보듯 뻔합니다. 하루 5분은 우리의 편도체가 인식하지 못할 정도의 작은 변화를 이끌어내는 가장 최소한의 시간입니다. 처음 시작은 매우 작고 사소하더라도 우리가 그 변화를 성취해낸다면 더 많은, 더 커다란 습관에 도전할 수 있는 용기가 생깁니다.

뇌가 충분히 적응할 수 있는 작은 습관을 지속하는 것이 필요합니다. 그렇다면 뇌가 작은 습관에 적응하기까지 어느 정도의 시간이 필요할까요? 《맥스웰 몰츠 성공의 법칙》의 저자 맥스웰 몰츠는 21일이 걸린다고 말했습니다. 성형외과 의사였던 그는 손이나 발이 절단된 환자가 신체 부위를 잃었다는 사실에 익숙해지는 데 약 21일이 걸린다는 사실을 발견했는데, 이 시간이 새로운 습관을 형성하는 데 걸리는 시간과 동일하다고 본 것이죠.

필리파 랠리와 그 연구진은 조금 다른 의견을 내놓았습니다. 그들은 12주 동안 특정 행동을 선택해서 매일 같은 조건하에 실시한 실험

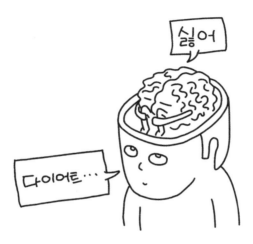

뇌는 변화를 두려워합니다.

을 통해 습관이 형성되는 데 66일이 걸린다는 연구결과를 〈유럽사회심리학저널〉에 발표했습니다. 연구에서는 습관의 난이도에 따라 시간의 범위가 18일부터 254일까지 다양하고, 참가자의 특성에 따라서도 달라진다고 합니다.

'5분만'을 운영하면서 우리가 배운 점도 비슷합니다. 사람들의 성향과 습관의 난이도에 따라 습관 디자인에 걸리는 시간은 제각각입니다.

　독서 모임에 참여하고 있는 한 회원은 4년 전부터 독서 습관을 갖기 위해 다양한 시도를 하고 있습니다. 좋은 책을 소개하고 감상평을 공유하는 어플리케이션도 적극적으로 활용했죠. 하지만 근무시간이 길어지면서 독서 습관을 유지하기 어려워지자 '5분만'의 소모임 중 하나인 '한쪽만'에 참여를 결심했다고 합니다. '한쪽만'의 습관 시스템을 통해 두 달 만에 독서 습관을 제자리로 돌려놓을 수 있었고, 잊고 있던 독서에 대한 간절함도 되찾았다고 하네요.

이처럼 우리에게 익숙했거나 평소에 간절히 원했던 습관은 공부하는 데 그리 긴 시간이 필요하지 않습니다. 반면 운동 습관이나 다이어트처럼 성공하기 어려운 습관은 제법 오랜 시간이 걸리죠. '5분만' 회원들의 경우 평균 3개월('5분만'을 기준으로 하면 3시즌)을 습관 공부에 투자

했을 때 주변 사람들이 변화를 느낄 수 있을 정도의 성과를 올릴 수 있었습니다.

그렇다고 '5분만'의 회원들이 3개월을 꼬박 습관 공부에 투자한 것은 아닙니다. 물론 매일 습관을 공부하면 가장 좋겠지만, 각자의 상황이 있기 때문에 모든 시간을 투자하기는 어렵습니다. 특히 금요일과 토요일에는 습관 활동 공유가 현저히 떨어지고 일요일에는 평균 이상의 수치를 보입니다. 아마도 새로운 한 주를 준비해야 한다는 마음가짐 때문이겠죠.

'5분만'의 궁극적인 목표는 습관을 만드는 방법을 배워 나만의 습관 시스템을 갖는 것입니다. 다시 한 번 강조하지만, 혼자서는 습관 시스템을 구축하는 것이 어렵고, 갑작스럽고 큰 변화는 뇌가 위험신호로 판단해 회피한다는 사실을 기억하세요. 중간에 몇 번 습관 공부를 빼먹었다 할지라도 그것이 완전한 실패가 아니라는 사실도요.

습관 디자인에 필요한 것은 '작은' 습관을 '함께'할 동료와 '3개월'이라는 시간뿐입니다. 전체적인 습관 시스템을 숙지했다면, 이제부터는 습관 시스템 각각의 세부 활동에 대해 좀 더 자세히 알아보도록 하겠습니다.

듀크대학교 연구팀은 사람들이 어떤 목표를 달성하기 위한 행동을 하루나 이틀 정도 빼먹어도 그 성과가 그대로 허물어지지 않는다는 사실을 밝혔습니다. 그렇기 때문에 우리는 매일매일 습관 활동을 해야 한다는 부담은 덜고 습관 시스템을 유지하는 데 좀 더 집중해야 합니다. 습관 시스템만 유지할 수 있다면 하루 이틀 정도의 공백은 금세 채워질 수 있답니다.

2부

습관을 배우다

2부

습관을 배우다

00

습관 디자인 프로젝트를
시작하며

나에게 맞는 습관을 찾아 유지하고 발전시키기 위해서는 습관 실천을 위한 이론적 지식을 쌓는 것도 중요합니다. 하지만 너무 공부만 하다 보면 쉽게 지칠 수 있으니 실제로 습관을 찾아서 연습을 통해 발전시킨 사람들의 이야기로 습관 디자인을 위한 동기부여를 먼저 쌓는 게 좋을 것 같습니다.

지금부터 소개하는 내용은 제가 직접 참여하고 있는 서울대학교 습관 디자인 프로젝트 '5분만'의 실제 이야기이기도 합니다. 습관 디자인 프로젝트 '5분만'은 서울대학교 재학생과 졸업생 모두가 참여할 수 있는 열린 모임입니다. 지난 6년간 1,225명의 인원이 '5분만'을 통해 자신이 원하는 습관을 찾아냈고, 찾아낸 습관을 자신의 것으로 만들기 위해 지금 이 순간에도 함께 노력하고 있습니다.

처음에는 오만한 생각도 들었습니다. '서울대학교에 들어올 정도면 다들 자신만의 습관을 잘 만들고 있지 않을까?' 하지만 다른 사람들처럼 이들도 습관을 만드는 것에 어려움을 느끼고 있었습니다.

1부에서 다룬 습관 형성 이론이 필요한 이유가 바로 이것입니다. 새로운 습관을 만들기 위해서는 끈기와 노력만으로는 분명 한계가 있습니다.

● 의지와 노력이 있는 사람들도 분명 많은데, 대다수의 평범한 사람들은 의지와 노력만으로는 쉽지 않을 것 같아요. 헬스클럽 1년 끊었다가 그대로 날리는 경우가 많잖아요. 저도 헬스클럽 1년 끊었다가 날리고 말았죠…. 그런 의미에서 습관도 학습해야 될 대상 중 하나인 것 같아요. 옛날에는 그냥 내가 열심히 안 해서 습관이 안 됐다 이렇게만 생각했는데, 이런 식으로 차근차근 해나가면 된다는 것을 예전에는 몰랐던 거죠. 내가 의지와 노력이 부족하거나 환경 탓으로 돌리거나 게을러서 안 한 건 줄 알았죠. '5분만' 처럼 멘탈 관리도 하고 전략도 세워주고 커뮤니티에서 함께 차근차근 습관을 쌓아가는 방법을 배우는 게 맞는 것 같아요.

00 습관 디자인 프로젝트를 시작하며

━•내 인생을 위해 딱 5분만!

습관 디자인 프로젝트 '5분만'에서는 앞서 소개한 이론을 바탕으로 총 네 개의 소모임을 운영하고 있습니다. 프로젝트에 참여한 사람들은 함께 습관을 실천하면서 자신의 경험과 성과를 바탕으로 습관을 보다 효과적으로 지속할 수 있는 전략을 공유하고 개선하고 있죠.

기본 습관 모임인 '내꺼하나'와 건강 습관 모임 '먹은거', 독서 습관 모임 '한쪽만', 저널링 습관 모임 '하나씩'을 간단히 소개합니다.

기본 습관 모임 '내꺼하나'

'내꺼하나'는 프로젝트의 기초반이라고 할 수 있습니다. 각자 자신이 원하는 습관 하나를 정하고 시간을 두고 연습하면서 개선하는 모임으로, 간단한 절차를 거친 후 참여할 수 있습니다. 매월 말 서울대학교 커뮤니티에 '5분만' 회원 모집 글을 올리고, 희망자는 가입 설문지를 작성합니다. 설문지를 작성하면 지원한 모임으로 입장할 수 있는 링크를 부여받게 되고, 배정 받은 곳에서 다른 사람들의 활동을 보면서 자신이 원하는 습관을 시작합니다.

'내꺼하나' 참가자들은 매일의 습관 진행 현황을 구글 스프레드시트에 기록하고 메신저를 통해 공유하고 있습니다. 기초반인 만큼 사람들이 가장 활발하게 활동하고 있는 모임으로, 문제집 풀기나 팔굽혀펴기, 매일 청소기 1분 돌리기 등 기상천외한 습관을 만들고 싶은 사람이 이렇게 많다는 걸 처음으로 알게 되기도 했습니다.

건강 습관 모임 '먹은거'

현대인들의 가장 큰 관심사에 초연할 수 있는 사람이 얼마나 될까요? '먹은거'는 습관 디자인 프로젝트 소모임 중 많은 사람들이 어려움을 호소하는 다이어트와 건강한 식생활 습관을 형성하고 싶은 참가자들이 모인 곳입니다.

● 사소하지만 무언가를 계속 하는 것만으로도, 그러니까 다이어트처럼 장기적인 목표를 이루는 데 내가 습관을 지속적으로 하고 있다는 느낌만 가져가는 것만으로도 큰 도움이 되었습니다. 내가 통제를 하고 있다. 통제를 하려고 시도한다. 물론 실패한 날이 많지만, 그런데도 습관을 계속 하는 것만으로도 효과가 있더라고요.

'먹은거'에서는 건강과 관련된 목표를 설정하고 변화 추세와 달성 여부를 구글 스프레드시트와 메신저를 통해 점검하고 공유하고 있습니다.

독서 습관 모임 '한쪽만'

세상에서 가장 내기 어려운 시간이 바로 책 읽는 시간 아닐까요? '한쪽만'은 이 어려운 일을 하고 있는 습관 모임입니다. 하루에 한 쪽 이상 책을 읽고 있는 사람들이죠. '한쪽만' 참가자들은 인문, 과학, 자기계발, 경제경영 등 분야를 가리지 않는 독서를 통해 지적 유희를 만끽하고 있습니다. 읽으면서 좋은 책은 서로 추천하는 도서목록을 만들어 공유도 하고 있고요.

'한쪽만'에서는 매일 한 쪽 이상 책을 읽고 간단한 소감과 읽은 책 목록을 정리해 메신저를 통해 공유하고 있습니다. 카톡 보낼 시간 잠깐을 투자하면 책 한 쪽을 읽을 수 있고, 이렇게 한 쪽이 쌓여 금방 책 한 권이 된다고 합니다. 또 읽다 보면 한 쪽만 읽을 수도 없게 되죠.

● 지금은 밤시간에 주로 독서를 합니다. 원래는 아침에 출근하기 전에 책을 읽는 게 목표였는데, 출근 준비하는 게 너무 힘들더라고요. 사실 퇴근하고 책을 읽는 것도 조금 힘들긴 합니다. 그래도 정해진 시간에 정해진 일을 하는 게 중요한 것 같아요. 꾸역꾸역 해나가다 보면, 분명 그렇게까지 즐겁지는 않지만, 습관이 루틴이 되는 순간이 옵니다. 그러면 성과를 가로막던 장애물을 더 쉽게 넘을 수 있게 되더라고요.

저널링 습관 모임 '하나씩'

매일 작은 성공을 경험하는 것보다 더 효과적인 습관 공부는 없습니다. 여기에 자신이 잘한 일, 성공의 경험을 인지하고 기록으로 남긴다면 자존감을 강화하는 데 큰 도움이 됩니다.

● 개선일지를 작성해보면 내가 한 행동과 그 행동을 통한 긍정적인 결과를 두 눈으로 확인할 수 있잖아요. 내가 뭔가 바꿀 수 있다, 내가 자율성과 통제권을 가지고 있다는 사실을 알게 되는 것 자체가 긍정적인 것 같아요. 다른 일에서도 마찬가지로 문제들을 해결할 수 있다, 다른 사람에게 도움이 될 수 있다는 자신감으로까지 확장되더라고요.

사생활을 드러내지 않기 위해 익명으로 진행하는 '하나씩'은 하루 동안 자신이 작게 개선한 부분이나 잘한 일, 하기 싫었지만 묵묵히 해낸 일들에 대해 누적숫자를 붙여서 매일 기록하고 공유함으로써 하루하루의 승리를 쌓아가고 있습니다.

── 습관 공부 과정

지금까지의 습관 형성을 위한 노력은 사실 주먹구구식으로 이뤄져 왔습니다. 새해 결심을 한번 살펴볼까요? 우리는 새해가 되면 다이어트든 운동이든 큰 결심을 하고 헬스클럽에 등록을 합니다. 그리고 다음날부터 하루 2시간씩 일주일간 열심히 하죠. 그러다가 몸이 아프거나 사정이 생겨서 하루 이틀 못 가면 의지가 꺾여 몇 주 만에 헬스클럽과, 운동하는 습관과 멀어지고 맙니다.

반복되는 행동이 습관이라고 앞서 이야기했습니다. 하지만 우리가 습관으로 만들기 위한 행동을 무의미하게 반복하고 있지는 않은가요? 무의미하게 반복했던 행동이 나를 바꾸는 습관이 되었나요?

습관을 공부하는 것은 나를 공부하는 것입니다. ①마인드를 갖추고 ②나에게 맞는 습관을 선택해서 ③시간대를 유연하게 유지하며 ④시각적으로 확인할 수 있는 결과물을 만들어야 합니다.

　습관 공부에서는 이 4단계를 '습관 시스템'이라고 부릅니다. 습관이라는 활동은 한두 개의 요소로 완성되지 않습니다. 습관 시스템을 유기적으로 조화롭게 밟아나가야 원하는 성과를 성취할 수 있는 것이죠.

우리가 스마트폰 살 때를 예로 들어볼까요? 통화 품질은 기본이고, 카메라, UI/UX, 디자인, 무게, 스마트페이 기능까지 꼼꼼하게 고려한 후 우리는 구매를 결정합니다. 아무리 카메라가 좋아도 카메라 때문에 구매를 결정하는 사람은 거의 없죠. 제조사들은 이처럼 구매자들이 스마트폰을 사용할 때 필요로 하는 수많은 요소를 종합적으로 고려해 스마트폰을 개발합니다.

교육학에서는 이러한 관점을 시스템 사고system thinking라고 합니다. 교육요소들을 고려해 크게 투입input → 과정process → 산출output이라는 3단계로 프로그램을 설계합니다. 습관 시스템도 이런 관점에서 하나의 체계를 가지고 접근해야 합니다. 전체 설계도에 따라 자신의 습관 내용들을 하나씩 갖추는 것이죠. 무엇이 잘되고 무엇이 잘되지 않고 있는지를 끊임없이 확인하고 시스템을 개선할 때 습관을 튼튼하게 유지할 수 있습니다.

습관 모임 '5분만'은 온전히 시스템의 관점에서 접근합니다. 이런 운영을 통해 천여 명의 참여자들은 모두 비슷한 효과를 거둘 수 있습니다.

그 전체 구조는 다음 페이지의 표와 같습니다.

5분만의 습관 시스템 구조도

습관은 사소하고 작게 시작하라

실패를 인정하고 뻔뻔하게 하라

시행착오를 통해 성장하라

작은 성공이 큰 발전을 이룬다

1단계
습관 마인드
갖추기

나 자신을 이해하라

창의적으로 목표를 작게 하라

2단계
습관
선택하기

2부 습관을 배우다

습관의
효과

자존감 향상

자아정체성 확립

성과 향상

나의 퍼스널브랜드 형성

4단계
습관 성찰하고
평가하기

시각적인 습관 결과물을 만들어라

SNS를 활용해 습관 포트폴리오를 만들어라

습관의 성공 경험에 대해 보상하라

3단계
습관 시작하고
유지하기

습관 시간대를 설정하라

습관을 일상생활에 끼워 넣어라

효과적인 습관 환경을 만들어라

습관 커뮤니티를 활용하라

00 습관 디자인 프로젝트를 시작하며

1단계: 습관 마인드 갖추기

본격적인 습관 공부에 앞서 마음을 정리하고 새로운 습관을 만들기 위한 동기를 발견하는 단계입니다. 여기서 중요한 점은 습관을 실천할 때 실패할 수 있다는 사실을 인정하고 시작해야 한다는 것입니다.

실패하되 포기하지 않을 것. 사소하고 어쩌면 구질구질해 보이겠지만 작은 것부터 습관으로 들일 것. 시행착오를 통해 성장할 것. 성공하는 습관 시스템 만들기의 첫 번째 단계는 이런 마음과 동기를 설정하는 것입니다.

2단계: 습관 선택하기

어떤 습관을 만들 것인가? 왜 그 습관을 만들어야 하는가? 습관 선택하기 단계에서는 이 질문을 바탕으로 습관의 방향성을 설계합니다. 이 질문에 대답하기 위해서는 먼저 우리 자신에 대한 이해가 이뤄져야 합니다. 자신의 강점과 약점, 자신이 처한 여건을 분석하는 것이죠.

습관 목표 설정 팁을 하나 드리자면, 목표는 크게 설정하고 목표를 달성하기 위한 과제는 아주 작게 설정해야 합니다.

3단계: 습관 시작하고 유지하기

습관 시작하고 유지하기 단계에서는 습관 목표 달성을 위한 습관 '행동'을 전략적으로 설정합니다. 전략이라고 말하면 거창해 보이지만, 앞서 확인한 자신의 강점과 약점, 처한 여건을 바탕으로 무조건 습관 행동을 실행할 수밖에 없는 시간과 상황을 찾아내는 것을 말합니다.

습관 행동은 출퇴근시간에 지하철에서 전자책 10페이지 읽기 등과 같은 일상생활과 연결된 것일 때 더 큰 효과를 발휘할 수 있습니다.

4단계: 습관 성찰하고 평가하기

습관 행동 실천 과정을 성찰하고 그 결과를 평가하는 단계입니다. 습관 시스템을 갖추는 과정에서 발생한 결과물을 시각적으로 표현하고 성공에 대해 보상함으로써 실천을 지속할 수 있게 해줍니다. 이러한 피드백은 이후의 습관을 더 정교하게 만드는 데 도움이 된답니다.

습관의 효과

위의 단계들을 순서대로 잘 이수하면 습관의 효과를 체험할 수 있습니다. 나의 습관이 굳건해지면 스스로 잘하고 있다는 자존감이 향상되고,

내가 어떤 것을 좋아하는지 확인하는 자아정체성을 확립하는 데 도움이 됩니다. 또한 작은 습관의 성공 경험을 통해 더 큰 습관을 만들 수 있게 됩니다.

이렇게 모두가 일정한 원칙을 가지고 자신의 습관을 공부함으로써 '5분만'에 참여한 모든 사람들이 혼란에 빠지지 않고 자신만의 습관을 만들어가고 있습니다. 여기에 교육학 전문가들과 습관 실천 전문가들의 자문을 통해 습관 공부에 필요한 활동들을 자연스럽게 배치하고 그 효과를 면밀히 검증하면서 정기적으로 시스템을 개선하고 있습니다.

우리의 목적은 단순한 습관 만들기가 아니라 습관 시스템을 정착하는 것입니다. 다행스럽게도 이런 연구와 실천이 6년간 쌓이면서 지금과 같은 습관 모임 형태를 갖출 수 있었고, 참가자들은 서로 비슷한 단계를 밟아가며 안정적으로 자신에게 맞는 습관을 공부하며 효과를 거두고 있습니다.

다음 장부터는 지금까지 소개한 습관 시스템을 만드는 과정의 각 단계를 상세하게 소개합니다. 첫 번째로 설명할 습관 마인드 갖추기는 가장 크게 공을 들여야 하는 단계입니다. 우리의 모든 행동이 마인드와 동기로부터 비롯되기 때문이죠.

　그렇다고 겁먹을 필요는 없습니다. 습관 디자인 프로젝트의 이름처럼 5분이면 충분합니다.

01

습관 디자인 1단계:
습관 마인드 갖추기

앞서 이야기한 것처럼 우리의 모든 행동은 우리의 마인드와 동기로부터 비롯됩니다. 습관도 마찬가지입니다. 우리가 기대하는 바를 성취하고자 하는 마인드와 동기에 의해 습관은 디자인되고 형성되는 것이죠.

　마인드, 그러니까 '마음'의 사전적 의미는 '우리의 관심, 감정, 힘 또는 개인의 성격을 포함하는 총체적인 정신상태'를 말합니다. '동기'의 한자는 움직일 동(動), 틀 기(機)를 쓰는데, 말 그대로 '움직이게 하는 틀'입니다. 우리를 행동하게 만드는 것이 바로 마음과 동기라는 사실을 기억하세요.

대부분의 사람들은 새로운 습관을 형성하고자 할 때 화려하고 멋진 상황을 기대하며 원대한 목표를 설정합니다. 새해에 세웠던 계획을 한번 떠올려 보세요. '시작은 미약하였으나 그 끝은 창대하리라'라는 말이 어울리는 새해 계획이었나요? 대부분은 아마도 '시작은 창대하였으나 그

끝은 미약하리라'라는 말이 어울리는 결말이었을 것입니다. 물론 누군가는 지금도 차근차근 완성을 향해 나아가고 있을 수도 있겠지만요.

- 10년 전부터 철봉운동을 해보려고 많이 노력했는데 항상 하루 이틀, 길어야 사흘 정도였어요. 이게 벌써 세 번째 철봉이에요, 지금 집에 있는 게. 근데 항상 설치만 하고… 10년 동안 실패를 해왔어요.

- 엄마가 자취 선물로 주신 자전거가 6개월 이상 팽팽 놀고 있어요. 옷걸이. 가끔 옷 걸어놓고 하잖아요. 그렇게만 있죠.

- 경제관념 없이 살았거든요. 그전에는 한 달 벌어서 한 달 먹고사는… 대학원생 때는 언제 돈이 들어오는지도 모르고요. 지난 학기에는 논문 쓴다고 돈을 그냥 들어온 채로 놔두고 그때그때 쓰고 그랬었죠.

처음에는 누구나 의욕적으로 계획을 실천합니다. 계획이 어려우면 어려울수록 얻을 수 있는 성취감도 높기에 실행 초반에는 피곤한 줄도 모르고 모든 것을 하얗게 불태워버립니다. 하지만 이렇게 피로가 쌓이면 작은 장애물과 유혹을 만나 계획을 실천하지 못했을 때 쉽게 좌절하고 포기하는 수순을 밟습니다.

시작은 창대하였으나…

습관 마인드를 갖추기 전에 우리는 먼저 반드시 실패한다는 사실을 받아들여야 합니다. 스포츠용품회사의 슬로건을 따라하자면 '실패, 그것은 아무것도 아니다.' 중요한 것은 실패하더라도 계속해나간다는 마음가짐입니다. 실패는 끝이 아니고 다시 시작하는 지점인 것이죠.

우리의 습관 디자인을 방해하는 것은 한두 번의 실패가 아니라 그 실패로 인해 좌절하고 포기하는 우리의 '마음'이라는 나라는 사실을 기억하세요.

계획은 언제든지 수정할 수 있다는 점도 받아들여야 합니다. 단언컨대 자신의 능력을 과소평가하는 사람은 없습니다. 거의 모든 사람들이 어떤 계획을 세울 때 자신의 능력을 과대평가하고 그에 맞춰 원대한 목표를 설정합니다. 그래놓고는 몇 번의 실패를 경험한 후 노력이 부족했다며 스스로를 질책하며 괴로워합니다. 실패의 굴레를 벗어나지 못하는 것도 바로 이 때문입니다.

● 저도 솔직히 넘어질 때도 있고, 구렁텅이에 빠질 때도 있고, 힘들 때도 있고, 멘탈이 완전히 나갈 때도 있었어요. 차이가 있다면, 예전에는 못 돌아왔어요. 어쩔 수 없이 멈출 때도 있거든요. 지금은 다시 돌아오게 되는 것

같아요. '뭐 하루 이틀 못 할 수도 있지', '사나흘 못 할 수도 있지', '다시 하면 되지, 뭐!'라는 생각이 중요한 거 같아요.

계획을 수정할 수 있다는 전제는 그 실패가 노력이 부족한 탓인지 아니면 목표를 너무 높게 설정한 탓인지 또 아니면 여러 물리적·상황적 여건의 불리함 때문인지를 객관적으로 분석할 수 있게 합니다. 분석에서 끝나는 것이 아니라 시행착오를 통해 습관을 형성하고 성장할 수 있다는 믿음 또한 가질 수 있을 것입니다.

─● 사소하고 작은 것부터 시작하라

만약 화려하고 멋진 시작을 기대하고 있다면 단호하게 말씀드릴 수 있습니다. 습관 공부는 그렇게 멋지게 해낼 수 있는 일이 아닙니다. 의욕적인 시작은 분명 환영할 만한 일이지만, 습관 공부를 계속하다 보면 대체로 구질구질해질 수밖에 없습니다. 우리가 아직 새로운 습관을 완벽하게 체화할 능력과 준비가 부족하기 때문입니다.

● 다이어트에 관한 연구가 워낙 많잖아요. 매일 체중을 기록하는 것만으로,

또는 매일 체중계에 올라가는 것만으로도 효과가 있다고 해요. 그런데 계획을 거창하게 세우는 사람은 그렇게 못 해요. 매일매일 기록하는데 야식으로 치킨을 먹었다고 적는 게 얼마나 구질구질해요.

일단 제 경험을 이야기하자면, 저는 다이어트를 결심했을 때 습관 활동을 아주 작게 시작했어요. 예를 들어 '20분 있다 먹기'처럼 최대한 사소하게, 최대한 지속 가능하게 말이죠.

상황이 이렇지만 대부분의 사람들이 구질구질해지는 자신을 참지 못하고 중간에 완전히 포기합니다. 하지만 실패를 받아들일 수 있다면, 그리고 계획을 수정할 용기가 있다면 몇 번의 시행착오에도 불구하고 결국 새로운 습관을 자신의 것으로 만들 수 있을 것입니다.

● 목표가 크면, 계획이 거창하면 두려운 마음이 들어요. 저는 처음부터 '사소하고 작은 것부터 구질구질하게 시작해도 괜찮다'고 최면을 걸어요. 지금 하고 있는 게 별거 아닌 것 같고 때로는 못 할 때도 있겠죠. 넘어질 때도 분명 있겠지만, 스스로가 너무 구질구질하게 느껴질 때도 있겠지만 그래도 '괜찮다.' 저는 이렇게 이해해요. 이렇게 마음을 잡는 거죠.

목표가 크고 계획이 거창할수록 마음을 잡기가 어려워요. 스스로 비참해질 때가 많아지고, 결국 놓아버리게 됩니다. 그런데 나의 기준치가 엄청 사소하고 작기 때문에 계속 다잡을 수 있었던 것 같아요.

습관은 운동과 비슷합니다. 일정 수준까지 숙달하는 데 필요한 시간과 노력은 생각보다 적지 않습니다. 예를 들어볼까요. 저는 체력증진을 위해 여러 운동을 시도했는데, 그중 하나가 수영이었습니다. 처음 수영을 배울 때는 호흡하는 법도 몰라서 허우적거렸죠. 자유형, 평영, 배영, 접영 네 개의 수영 영법을 모두 배우는 데 6개월이 걸렸습니다.

6개월이 지난 후, 저는 네 개 영법에 모두 능숙해졌을까요? 아닙니다. 개인에 따라 차이가 있겠지만 동작을 익히는 데만 6개월이 걸린 것입니다.

멋진 폼을 만들고 조금 더 빠르게 수영하기 위해서는 더 오랜 시간이 필요합니다. 하물며 인생을 바꿀 수 있는 새로운 습관을 공부하는 데 필요한 시간이 이보다 적을 수 있을까요?

─● 실패에 익숙해질 것

그렇다고 겁먹을 필요는 없습니다. 고등학교 수학 수업을 생각해보죠.

선생님도, 부모님도, 학생인 우리 스스로도 우리가 손쉽게 문제를 풀어 나갈 것이라고 기대하지 않습니다. 냅다 문제만 푼다고 수학이 쉬워지지도 않습니다. 오히려 수학을 포기하게 만들 뿐입니다.

핵심은 개념을 먼저 이해하는 것입니다. 개념을 적용하는 데 익숙해질 때까지 많은 문제를 풀어보는 것은 그다음입니다. 계속해서 형편없는 점수를 받아도 그런 과정을 통해 실력이 향상될 것이라는 믿음을 우리 스스로 가질 수 있었다면 수학이 그렇게까지 싫어지지는 않았을 것입니다. 선생님의 전략과 부모님의 믿음이 더해진다면 더할 나위 없겠지만, 부수적인 문제일 뿐입니다.

새로운 습관을 시작하는 것은 오랜 시간 굳어진 생활 패턴을 변경하는 어려운 일입니다. 상당히 긴 시간이 필요하고, 필연적으로 실패합니다. 몇 번 실패하다 보면 '내가 왜 이걸 하고 있지' 하고 자괴감이 들고 자신감도 사라지죠.

다시 말하지만, 이런 시행착오는 지극히 당연합니다. 그렇기 때문에 처음부터 큰 습관을 선택해서는 안 됩니다. 수영을 배우려는 초보자를 냅다 바다에 던져버리지는 않잖아요?

습관도 기초체력을 길러야 합니다. 최대한 사소하게 시작하세요. 차분히 정착되는 습관만이 변화를 이끌어낼 수 있습니다.

실패했을 때 우리는 어떻게 대응해야 할까요? 습관을 공부할 때 실패하는 가장 큰 이유는 익숙하지 않기 때문입니다. 익숙하지 않기 때문에 중간에 잊어버리기도 하고, 예상치 못한 일들 때문에 건너뛰기도 합니다. 실패를 하고 나서 다시 시작하려니 완벽함이 깨졌기 때문에 구질구질해 보이기도 합니다. 성공의 경험이 많고 목표가 높으며 자신에게 엄격한 사람일수록 이런 경향이 강하게 나타납니다. 과거 자신이 거둔 성공에 기준을 두기 때문에 더 큰 압박감을 느끼는 것이죠. 이런 성향은 '5분만'의 회원들에게도 종종 발견됩니다.

● 한 사나흘 정도 제대로 못 한 적이 있었어요. '아, 이제 끝났구나'라는 생각이 저절로 들었죠. 초심자의 약발이 다 끝났다고 생각했는데, 함께하는 회원들이 "신경 쓰지 말고 다시 하면 된다"라고 말해줬던 것이 큰 영향을 미쳤습니다. 저도 생각해보니 여기까지 왔는데 포기하는 것도 아쉽기도 했고요.
일단 다시 해보자고 생각했습니다. 한 번 다시 하는 게 큰일은 아니니까. 그래서 손쉽게 다시 시작할 수 있었고, 다음날에도, 그다음 날에도 습관 행동을 하는 것에 금방 익숙해졌어요. 공백이 생기더라도 다시 하면 된다는 일종의 회복탄력성이 생긴 것 같습니다.

지금도 하루 이틀 빼먹기는 해요. 하지만 이제는 꾸준히 하는 것은 기본이고 하루 이틀은 빼먹는 거는 그럴 수도 있는 일이라고 생각하고 다시 다음 날 하게 됩니다.

우리는 반드시 구질구질해져야 합니다. 우리는 새로운 습관 앞에서 언제나 초보자입니다. 간단한 과제부터 시작해보세요. 모든 일을 깔끔하게 완료하겠다는 목표는 잠시 접어두고 마음을 비우고 낮은 자세로 시작하는 것이 습관 공부에서 튼튼한 기초체력이 되어줄 것입니다.

● 며칠 안 했을 때 만회하기 위해 옛날 것도 다해서 올려야겠다고 생각하기 보다는 그냥 깔끔하게 정리하고, 포기할 건 포기하고 다시 하는 거죠.

● 못 한 날도 있죠. 그런데 하겠다고 목표를 말해놓으니까 책임감이 조금 생기는 거 같아요. 일단 엄마에게 선물 받은 자전거를 6개월 넘게 팽팽 놀리고 있었었는데, 이제 '이 자전거에게 일을 시킨 것만으로도 일단은 큰 의미가 있겠다'라는 생각을 하게 되더라고요. 실패해도 계속하는 게 안 하는 것 보단 나은 거 같아요.

[한쪽만-1] 독서/글쓰기 일지										
진행	이달합계	누적참여자	현재참여자	전체 습관모임 누적참여자	누적합계	전달누적	1/1 화	1/2 수	1/3 목	
인원변동							18	18	18	
Season	153		18		1859	1706	13	9	8	
일별 성공률							50%	33%	44%	

이름	이달합계	습관시작	현재참여	습관 내용	누적합계	전달누적	1/1 화	1/2 수	1/3 목	
▆▆▆	10	18년 10월	O	출퇴근 시간에 책읽기	50	40			O	
▆▆▆	8	18년 7월	O	하루 5분 이상 독서	99	91	O	O	O	
▆▆▆	18	18년 10월	O	하루 5분 이상 독서	72	54	O		O	
▆▆▆	18	18년 5월	O	하루 1페이지 읽고, 10단어 이상 글쓰기	486	468	O	O	O	
▆▆▆	3	18년 7월	O	하루 5분 이상 책 읽기	111	108			O	
▆▆▆	15	18년 7월	O	하루 한쪽이상 읽기	197	182	O		O	
▆▆▆	9	18년 6월	O	5분 독서	104	95			O	
▆▆▆	0	18년 7월	O	평일엔 출퇴근길 두쪽만	82	82				
▆▆▆	9	19년 1월	O	하루 5분 이상 독서	9		O			
▆▆▆	11	18년 10월	O	하루 5분 이상 독서	49	38	O	O	O	
▆▆▆	5	18년 7월	O	하루 10분 이상 독서	100	95	O	O		
▆▆▆	8	18년 8월	O	자기전 하루 10분 이상 독서하기	47	39	O	O		
▆▆▆	11	18년 8월	O	하루에 한 페이지라도 읽기!	76	65	O			
▆▆▆	5	18년 7월	O	하루 5분 이상 독서	111	106	O	O		
▆▆▆	8	18년 8월	O	하루에 한 페이지 이상 읽기	34	26				
▆▆▆	8	18년 6월	O	하루 5분 읽기	90	82	O	O		
▆▆▆	7	18년 6월	O	하루 중 언제라도 2페이지이상 읽기!	130	123	O	O		
▆▆▆	0	18년 11월	O	하루 5분 이상 독서	12	12				

한쪽만 참가자들이 공유하고 있는 독서/글쓰기 일지

2부 습관을 배우다

78페이지의 시트는 '5분만'의 독서 모임 '한쪽만' 참가자들이 공유하고 있는 독서/글쓰기 일지입니다. 열흘 연속으로 성공한 사람도 있고, 군데군데 이가 빠진 사람도 있습니다. 두 번째 시즌인데도 참여율이 제로인 사람도 있네요.

독서/글쓰기 일지는 본인의 의지도 중요하지만 습관을 디자인할 때 과제의 난이도 조정이 필요한 이유를 보여줍니다. 매일 한두 페이지 읽기나 일기 쓰기가 지금은 구질구질해 보여도, 그것이 쌓인 결과물은 결코 구질구질하지 않을 것입니다.

─● 작은 습관 설정 기준

습관 훈련을 다루는 다른 많은 책에서도 작은 습관의 중요성을 언급합니다. 하지만 구체적인 기준을 찾기는 어렵습니다.

도대체 어느 정도의 습관이 작은 습관일까요?

'5분만'은 이 질문에서 힌트를 얻은 이름입니다. 우리가 생각하는 작은 습관의 기준은 우선 시간이었습니다. '5분'만 투자해도 할 수 있는 습관 공부. 적당한 부담감이 느껴지는 시간이라고 판단했습니다. 5분이라는 시간이 짧게 느껴진다면 책을 잠시 덮고 뭐든 시작해보세요. 5분 정도 지났다고 느꼈을 때 시계를 한번 보세요. 몇 분이나 지났나요?

'5분만'의 회원들도 처음에는 5분을 무척 쉽게 생각했습니다. 자전거를 타도 30분은 타야 운동이 된다고 생각하는 회원이 있었는데, 저도 그렇고 주변에서 그렇게 기준을 높게 잡으면 습관 활동을 지속하기 어렵다고, 좀 더 짧게 잡으라고 계속 설득했죠. 결국 5분 '이상' 하는 것으로 습관 활동을 결정했는데, 목표 수준을 높게 잡지 않은 덕분에 하루도 빼놓지 않고 해낼 수 있었다고 합니다.

30분을 고집하다 실패하는 사람들도 많았습니다. 운동도 그렇지만 독서를 할 때도 30분은 무척 긴 시간입니다. 운동과 독서를 모두 30분씩 하고 싶어 했던 한 회원은 어떤 습관 활동도 자신의 것으로 만드는 데 실패했습니다.

만약 5분이 부담스럽다면 1분만이라도 새로운 습관에 투자해보세요. 일단 시작하는 것이 중요합니다. 만약 새로운 습관이 생각나지 않는다면 습관 디자인 프로젝트 '5분만'에서 호평을 받았던 다음의 작은 습관들을 참고해 시작해보는 것을 제안합니다.

운동	팔굽혀펴기, 스쿼트, 턱걸이 10개 (일일 누적 50개) 플랭크 30초 (일일 누적 60초)
독서	책 한 쪽 이상 읽기(일일 누적 2쪽 이상) 책 읽고 한 문장 필사하기 감상문 한 줄 작성하기
생활	청소기 하루 30초 이상 돌리기(일일 누적 60초) 비타민 한 알 먹기 공부하기 전에 책상 정리하기

─● 우리가 실패하는 이유 1 _
자신의 능력에 대한 과대평가

습관을 처음 공부할 때 대부분의 경우 자신에게 거대한 힘이 있다고 쉽게 믿어버립니다. 자신의 능력을 과대평가하고, 과대평가한 능력에 걸맞은 수준 높은 목표와 과제를 선택합니다. 그리고 그걸 지키기 위해 온 힘을 다하죠. 의지로 충만한 상태가 기준이 되는 것입니다.

이런 상태는 길게는 한 달 정도 유지할 수는 있습니다. 그 와중에 새로운 습관을 성공적으로 안착시키기라도 한다면 기준은 한 단계 더 높아집니다.

《행복에 걸려 비틀거리다》의 저자 대니얼 길버트는 사람들이 자신에게 유리한 사실만 수집하기 때문에 스스로를 과대평가한다고 말했습니다. 예를 들어, 자신을 평가하기 위해 주변 사람들에게 질문해야 할 때 나를 칭찬할 만한 사람들에게만 물어보는 거죠. 또 그중에서도 좋은 이야기만 기억하니 거의 조작에 가깝습니다.

스마트폰을 사려고 할 때 아이폰에 관심을 두고 있다면 아이폰 광고만 눈에 들어오는 것도 같은 이치입니다. 이런 행동은 정보를 습득하는 것으로 보이겠지만 사실 균형을 잃고 자신이 원하는 정보 또는 아이폰을 사기 위한 근거를 수집하는 과정이라고 봐야 합니다.

흥미로운 연구를 하나 소개합니다. 실험을 진행한 연구자들은 참가자들을 둘로 나눠 한 집단에는 외향적인 사람이 내향적인 사람들보다 성공할 확률이나 승진할 확률이 높다는 증거를 제시했고, 다른 한 집단에는 내향적인 사람이 성공할 확률이 높다는 증거를 제시했습니다. 그리고 참가자들에게 자신의 성향이 외향적인지 내향적인지 판단할 수 있는 과거의 경험을 이야기하도록 했습니다.

어떤 결과가 나왔을까요? 외향적인 사람들이 성공할 확률이 높다는 이야기를 들은 참가자들은 낯선 시도를 했던 경험을 말했고, 내향적인 사람들이 성공할 확률이 높다는 이야기를 들은 참가자들은 수줍음 때문에 인사를 제대로 하지 못했던 경험을 말했습니다.

이처럼 사람들은 자신에게 유리한 정보만을 조합해 기억하기 때문에 자신의 능력을 과신하게 됩니다. 특히 동기부여가 충만할 때는 과대평가된 자신을 믿고 어려운 과제를 과감하게 선정하죠. 모처럼 마음먹은 자신에게 하찮은 과제는 걸맞지 않아 보일 것입니다.

제 이야기를 해볼까요? 저는 몇 년 전 마음 맞는 열다섯 명의 서울대 재학생들과 다이어트 소모임을 시작했습니다. (이 모임은 추후에 '먹은 거'로 발전했습니다.) 과제는 식단과 운동량을 기록하고 그날의 성찰을 공유하는 것으로 정했죠. 살짝 무리라고 생각했지만 다들 의욕으로 가득 차 있었기 때문에 문제가 되지 않았습니다.

결과를 먼저 말하자면, 모두 실패했습니다. 처음에는 식단도 열심히 쓰고 운동도 꾸준히 했지만 2주가 지나자 거짓말처럼 하루에 두세 명씩 이탈하기 시작했습니다. 결국 두 달이 지났을 때는 단체 채팅방에 한 명도 남아 있지 않게 되었죠. 의지력 하나로 학창 시절을 버텨온 재학생들도 별 수 없었습니다.

→● 우리가 실패하는 이유 2 _
상황에 대한 잘못된 가정

보통 수험생이나 직장인들은 반복적인 일과(루틴)를 가지고 있습니다. 이러한 루틴 덕분에 공부나 업무에서 무리를 하지 않을 수 있죠. 하지만 습관 공부에서는 상황을 가정할 때 오류가 발생하기 때문에 무리를 하게 되기도 합니다.

습관 공부를 오래 해본 사람은 습관의 양과 질을 급격히 높이려는 시도를 거의 하지 않습니다. 덕분에 긴급한 일들이 발생하는 경우에도 충분히 습관 활동을 수행할 수 있죠.

우리 일상을 한번 들여다볼까요? 학생이라면 중간고사, 기말고사와 같은 정기적인 긴급 상황과 제출해야 할 리포트가 한꺼번에 몰리는 비정기적인 긴급 상황이 발생합니다. 직장인이라면 원치 않는 회식이나 출장, 야근이 긴급 상황이 될 수 있습니다. 이럴 때는 긴급 상황을 처리하는 것 외에는 할 수 있는 일이 별로 없습니다.

작은 습관은 이런 긴급 상황에도 할 수 있는 수준과 양이 기준입니다. 생각하는 것보다 훨씬 더 최악의 상황을 가정하고 습관을 공부해야 하는 것이죠.

실패를 받아들이는 방법은 간단합니다. 아무리 작은 과제라도 절반만 해도 괜찮다고 생각할 것. 그러니까 뻔뻔해지는 것이 첫 번째 원칙입니다.

그리고 아무리 긴급한 상황이라도 할 수 있는 과제를 설정할 것. 습관을 한 번에 완벽하게 체화할 수 없다는 사실을 받아들이는 것이 두 번째 원칙입니다. 중간에 하지 못하는 날이 생기면 자연스럽게 받아들이고 다음날부터 아무렇지도 않게 이어나가 보세요.

완벽을 추구한다고 생각하면 실패한 후 다시 시작하는 데 피로함을 느끼게 됩니다. 무조건 실패한다고 가정했을 때 새로운 시작에 대한 부담감도 줄어듭니다. 실패했을 때는 다음날을 디데이로 삼아 새롭게 시작하는 뻔뻔함이 분명 도움이 될 것입니다.

게다가 놀라운 사실 하나.

우리 대부분이 완벽주의자가 아니라는 것!

누구나 마찬가지입니다. 구질구질해도 괜찮다는 마인드가 핵심입니다. 하루 이틀 넘어져도 받아들이고, 이해하고, 다시 시작하는 것이 중요합니다. 사소하지만, 예를 들어 다이어트처럼 장기적인 목표를 이루기 위해 무언가를 계속한다는 느낌을 가져가는 것만으로도 우리는 성취감을 얻을 수 있습니다.

● 통제를 하고 있다. 통제를 하려고 시도한다. 물론 실패한 날들도 많습니다. 그런데도 계속하는 것만으로도 효과가 있더라고요. 실패해도 실패가 아닌 거죠. 일단은 기록하는 것 자체는 성공이니까. 스스로 비참하게 느껴지지 않거든요. 구질구질해도 괜찮으니까. '(포기하지 않는다면) 실패해도 괜찮아'라고 생각하면 다시 돌아올 힘이 생기는 것 같아요.

─● 시행착오는 성장하고 있다는 증거다

다시 한 번 강조하지만, 습관은 공부입니다. 대부분의 사람들은 새로운 습관을 공부하기 위해 성공한 사람들의 습관을 참고하고 그대로 따라하려고 합니다. 하지만 습관을 공부할 때 주체는 '나' 자신입니다.

성공한 사람들의 습관을 그대로 따라하더라도 나의 상황과는 다르기 때문에 반드시 시행착오가 생기게 됩니다. 그럴 때 시행착오를 당연하게 여기고 지속적으로 스스로를 살피면서 습관의 종류와 강도를 조정해야 합니다.

이것은 마치 자전거의 안장 높이를 조절하는 과정과 비슷합니다. 새 자전거를 처음 사고 반드시 해야 하는 중요한 작업은 타는 사람에게 적합한 자전거 안장 높이를 찾아 조절하는 것입니다. 안장이 너무 낮으면 힘이 많이 들어가 무릎에 무리가 갈 수 있고, 너무 높으면 멈출 때 발이 땅에 닿지 않아서 위험할 수 있기 때문입니다.

　가장 이상적인 안장 높이는 자전거에 앉은 상태로 페달 위에 뒤꿈치를 대고 쭉 폈을 때 무릎이 굽혀지지 않는 정도입니다. 이 높이를 맞추기 위해서는 자전거 가운데에 섰을 때 안장코가 꼬리뼈보다 1~2센티미터 높으면 적당하다고 할 수 있습니다. 이렇게 처음 자전거를 샀을 때 사용자에게 맞춰주는 자전거 세팅 전문업체가 존재할 만큼, 같은 자전거라도 나에게 맞추는 과정이 중요합니다.

습관도 마찬가지입니다. '5분만'에 참여하는 대부분의 회원들은 그 습관을 해본 적이 없습니다. 그래서 습관 활동을 어떻게 해야 할지에 대한 감도 없습니다. 한 회원은 물을 너무 안 마셔서 물을 마시는 것을 목표로 세웠는데, 물 마시는 것에서조차도 시행착오가 발생했습니다.

　처음에는 (다른 사람들도 그 정도는 마시는 것 같아서) 1.5리터 마시는 것을 목표로 했다고 합니다. 마셔 버릇하지 않았던 그 회원에게는 너무 높은 목표였고, 당연히 실패했죠.

일단 습관 모임에는 계속 참가하면서 목표를 수정하기로 했습니다. 1리터로 마시는 양을 줄이고, 마시는 시간도 조정했죠. 양을 줄이니 많이 마셔야 한다는 부담감이 줄어들었고, 부담감이 줄자 편안하게 마실 수 있는 방법을 찾기 시작했습니다.

회원이 생각해낸 방법은 아침에 일어나자마자 물 한 컵을 마시는 것이었습니다. 300밀리리터 정도를 아침에 눈 뜨자마자 마실 수 있도록 침대 옆에 놓아두었다고 하네요. 목표의 3분의 1을 아침에 달성한 셈이라 부담도 그만큼 줄어든 것이죠. 학교에서 아이들을 가르치던 회원은 수업 중에 틈틈이 물을 마실 수 있도록 물통을 가지고 다니며 한두 컵씩 마셨다고 합니다. 물 뜨러 가는 것조차 귀찮아질까 봐 물병 여러 개를 눈에 잘 띄는 곳에 놓아두고 마시는 방법도 고안했습니다.

이렇게 습관 활동의 목표를 낮춘 덕분에 모임에서 매일 진행하는 인증에도 자신 있게 기록을 남길 수 있었습니다. 만약 그날 마신 양이 부족했다면 인증하기 직전에 한 컵 마시는 것으로 채웠다고 하네요.

이렇게 해서 1리터 물 마시기가 어느 정도 습관으로 자리 잡았지만, 아직 1.5리터는 엄두를 내지 못하고 있습니다. 2~3개월 정도 더 유지해본 후 도전하겠다는 계획입니다.

습관 활동을 결정해도 처음 그대로 유지되는 경우는 거의 없습니다. 습관을 유지하는 데 필요한 요소와 방법을 잘 모르기 때문입니다. 중요한 것은 일단 원하는 습관을 시작하고 자신의 성향과 상황에 맞춰 습관 활동의 시간대와 방법, 강도를 조절해나가는 것입니다. 최적의 자전거 안장 높이를 찾는 것처럼 말이죠.

시행착오를 줄일 수는 있어도 피할 수는 없습니다. 그리고 시행착오가 항상 나쁜 것만은 아닙니다. 내가 몰랐던 나의 성격과 성향을 파악할 수 있는 기회가 되기 때문입니다.

우리는 시행착오를 통해 자신에 대한 깊은 이해가 가능해집니다. 스스로에 대해 배우게 되는 것이죠. 매일 자신을 대상으로 습관을 실험하고 개선하는 연습을 통해 나만의 팁을 찾을 수 있습니다.

● 내가 돌아봤고, 고민을 했더니, 개선점을 찾았다. 이게 쌓이면 또 선순환 사이클이 도는 거잖아요. 시행착오를 각각의 사례로 배울 수 있는 것도 있 겠지만, 제 경우에는 내가 돌아봤더니 개선점을 찾을 수 있었고, 실제로 좋 아졌다. 이 사이클을 통해 강화되는 게 시행착오의 힘이라고 봐요.

자신의 길을 찾기 위해서는 스스로 직접 부딪혀보는 수밖에 없습니다. 모든 습관과 방법을 테스트해보겠다고 생각하세요. 적절한 습관을 찾는 무수히 많은 실험에는 가벼운 마음과 가벼운 과제가 필수적입니다.

다행인 것은 시간이 갈수록 시행착오가 점점 줄어들면서 최적화가

01 습관 디자인 1단계: 습관 마인드 갖추기

되어 특별히 큰 노력을 하지 않아도 습관의 효과를 체감하는 시간을 맞이한다는 것입니다.

팔 근육을 키우고 싶었던 한 회원은 습관 활동을 꾸준히 하는 것 자체의 파급력에 대해 이렇게 말했습니다.

● 가장 많이 든 생각이 뭐냐면, 그렇게 엄청난 결심을 한 것도 아니고 그때그때 조금씩 했을 뿐인데 어느 순간 익숙해져서 팔힘이 확 늘어났다는 거예요. 그게 정말 신기했어요.

'5분만' 회원들의 경우 자신이 선택한 습관이 시행착오를 거쳐 완전히 자리 잡기까지는 대략 3개월 정도가 걸렸습니다. 이 기간은 자신에게 맞는 활동과 환경을 직접 경험하면서 조정해나가는 시간이라고 받아들이세요. 여러 시도를 통해 습관 활동을 내게 맞게 조정함으로써 습관을 최적화시키는 것이죠. 나에 대해 하나씩 알아간다는 느낌으로 습관을 공부하고, 그 과정에서 느끼는 감정들을 나침반 삼아 길을 나선다면 나의 습관 만들기는 보다 쉽게 이뤄질 수 있을 것입니다.

—● 작은 성공이 큰 성과를 가져온다

습관 공부를 통해 경험할 수 있는 가장 큰 가치는 바로 사소한 과제에서 얻는 작은 성공입니다. 과제가 사소하다고 성공의 가치까지 사소해지는 것은 아닙니다. 작은 성공은 자신감을 강화하고, 이를 통해 더 큰 성공으로 나아갈 수 있습니다. 이렇게 선순환하는 구조가 반복되면 내 삶에도 유의미한 변화가 일어납니다.

트리니티칼리지 심리학과 교수 이안 로버트슨은 자신의 책 《승자의 뇌》에서 '승자 효과'를 주장하면서 성공의 중요성을 강조했습니다. 로버트슨은 성공의 필수요소로 성공 그 자체를 꼽았습니다. 우리가 성공을 경험했을 때 체내에서 테스토스테론이 분비되는데, 테스토스테론은 충동을 촉진해 뇌를 보다 모험적이고 전투적으로 만든다고 합니다. 테스토스테론이 승리하는 비결 중 하나인 것이죠.

로버트슨의 연구팀은 2006년 런던의 주식중개인 17명의 투자 양상을 연구하기 위해 테스토스테론 수치를 측정했습니다. 아침에 일어나자마자 측정을 진행했는데, 평균적으로 보면 테스토스테론 수치가 높은 날에는 수익을 올렸고, 수치가 낮은 날에는 수익을 올리지 못하는 경우가 많았습니다. 연구진은 테스토스테론이 주식중개인들을 공격적으로 투자하게 만들었고, 공격적인 투자 스타일은 보다 높은 수익에 도달하게 만든다는 결론을 내렸습니다.

체스 클럽 회원 16명을 대상으로 진행한 실험에서도 이와 비슷한 결과가 나왔습니다. 시라큐스대학교의 앨런 마주어 교수는 토너먼트에 출전한 체스 클럽 회원들의 경기 전, 경기 중, 경기 후에 타액을 채취해 테스토스테론 수치를 측정했는데, 놀랍게도 승자의 테스토스테론 수치가 굉장히 높다는 사실을 발견했습니다. 더 놀라운 것은 경기 시작 전 테스토스테론 수치가 가장 높았던 선수가 승리할 확률이 높다는 점이었습니다.

이처럼 테스토스테론 수치가 높아지면 우리가 승리할 가능성도 높아집니다. 게다가 작은 승리를 반복하면 나중에 비슷한 상황이 발생했을 때 테스토스테론이 자동적으로 분비되기 때문에 좀 더 쉽게 성공에 다가설 수 있게 됩니다. 테스토스테론 덕분에 점차 더 큰 성공에 도전하고 성공할 수 있게 된다는 것이죠.

승자 효과를 언급할 때 자주 인용되는 인물이 있습니다. 바로 헤비급 챔피언으로 전 세계를 호령했던 마이크 타이슨입니다. 37승 무패로 승승장구하던 그는 1990년 당시 무명에 가까웠던 제임스 더글러스와의 대결에서 10라운드 KO라는 충격적인 패배를 당했습니다. 이후 극심한 슬럼프에 빠졌고, 강력범죄까지 저질러 3년간 복역하면서 몰락의 길을 걷기 시작했습니다.

전과로 인해 모든 것을 잃은 타이슨이 다시 링으로 복귀하기는 쉽지 않았습니다. 이때 그의 노련한 프로모터 돈 킹은 승자 효과를 타이슨에게 적용했습니다. 아주 손쉬운 상대들을 타이슨과 매치시킨 것이죠.

타이슨은 아일랜드 출신의 피터 맥닐리를 상대로 1995년 8월 19일 라스베이거스 특설링에서 화려한 복귀를 알렸습니다. 1만 7,000여 명의 관중 앞에서 애초에 발휘할 실력조차 없었던 피터 맥닐리를 상대로 타이슨은 89초 만에 승리를 거뒀습니다. 필라델피아에서 열린 두 번째 시합도 마찬가지였습니다. 당시 상대였던 버스터 마티스 주니어는 피터 맥닐리보다는 강했지만 여전히 약한 상대였고, 타이슨은 3라운드 만에 손쉽게 승리를 거둘 수 있었죠.

타이슨의 진짜 경기는 세 번째 시합이었습니다. 1996년 3월 16일 라스베이거스 특설링에서 치러진 프랭크 브루노와의 경기에서 타이슨은 당시 WBC 챔피언을 3라운드 만에 KO시켜버렸습니다. 손쉽게 이길 수 있는 상대와의 대결을 통해 승리를 습관으로 만든 덕분에 챔피언을 가리는 진짜 승부에서도 승리할 수 있었던 것입니다.

습관을 공부할 때도 마찬가지입니다. 우리는 성공하는 데 익숙해져야 합니다. 승리가 습관이 되어야 하는 것입니다. '아주 사소한 과제부터 시작하라'는 의도도 이와 일맥상통합니다. 성공을 경험하는 것 자체를 목적으로 시작하세요. 성공이 누적되면 새로운 도전을 시작할 수 있는 힘도 커져갑니다.

작은 습관으로 습관 공부를 시작한 '5분만'의 회원들 또한 작은 승리들을 통해 스스로 할 수 있다는 믿음을 갖게 되었고, 이 믿음을 바탕으로 더 큰 도전에 나서고 있습니다. 회원들이 참가하는 모임의 숫자가 늘어나는 것이 승자 효과의 첫 번째 증거입니다.

네 개의 소모임으로 구성된 '5분만'에 새로 참가하는 회원은 한 번에 하나의 모임만 신청할 수 있습니다. 참여한 모임에서 30일 중 20일 이상 습관 인증에 성공해야 다른 습관 모임에 참여할 수 있는 자격을 얻을 수 있죠. 1개월마다 참가하는 습관 모임의 수를 늘릴 수 있는데, 회원들이 승자 효과를 경험하면서 여러 모임에 참여하는 사람들의 수가 점점 늘고 있답니다.

● 운동 습관으로 처음에는 자전거를 타기 시작했어요. 그 다음에 운동과 연관이 있는 식단일지를 쓰게 되었고요. 그러다가 개선일지도 쓰게 되었고,

아주 사소한 과제부터 시작하세요.

01 습관 디자인 1단계: 습관 마인드 갖추기

독서하는 습관도 생겼어요. 원래 참여하던 모임이 충분히 안정되었다고 생각했을 때 다른 쪽에도 눈이 갔던 것 같아요.

습관 공부를 시작해서 처음에 성공하는 것까지만 어렵고, 그 뒤에 습관의 종류와 세기를 늘려가는 것은 전혀 어렵지 않습니다. 처음에는 작은 운동을 하는 것이 목표였던 이 회원은 현재 소모임 네 개에 해당하는 모든 습관을 지속하고 있고, 그중 '먹은거'와 '하나씩'의 운영진까지 되어 활발히 활동하고 있습니다. 최근에는 운동 효과를 높이기 위해 스마트밴드를 구입해 하루 걸음수를 점검하고 있습니다. 생활뿐 아니라 업무 습관을 개선하기 위해 노트북과 블루투스 키보드를 구입하고, 스마트폰과 노트북이 연동되는 메모 프로그램을 배우고 있습니다.

● — 5분만 Tip ————————————

'5분만'의 회원들이 가장 어려워한 부분이 바로 마인드를 연습하는 것이었습니다. 회원들은 열심히 더 잘해서 좋은 점수를 받는 것에는 익숙했지만 실패를 받아들이는 연습은 해 본 적이 없었기 때문입니다. 여러분도 마찬가지일 것입니다.

이것만 기억했으면 좋겠습니다.

"누구나 실패한다. 하지만 실패를 받아들이고 작게 성공하면 변화할 수 있다."

5분만 Q&A
한 사람의 열 걸음보다 열 사람의 한 걸음

고시생일 때부터 '5분만'에 참여한 강은결 회원은 조금씩 무너져가던 일상을 변화시키기 위해 습관 공부를 결심했습니다. 조금 더 생산적인 하루를 만들기 위해 '하나씩'으로 습관 공부를 시작한 강은결 회원은 지금은 '하나씩'의 운영진으로 활동하면서 처음 습관 공부를 시작한 회원들에게 습관 공부를 계속할 수 있도록 동기를 부여하고, 이를 통해 스스로를 다시 독려하고 있습니다. 특히 학업성취도와 관련해서 관심이 있는 독자라면 인터뷰를 통해 그 힌트를 얻어갈 수 있기를 바랍니다.

Q 습관 모임 '5분만'에 참여하게 된 계기가 무엇인가요?

A 누구나 매달 초마다 새로운 목표를 세우고 화려해져 있을 미래의 나를 기대했다가, 몇 달 후 아무런 변화가 없는 자신을 발견하고 실망한 적이 있을 것입니다. 저도 그걸 매주, 매달, 매해 반복하고 있었죠. 저는 '하나씩'을 시작할 당시 고시생이었어요. 하루 종일 공부에만 정신을 쏟다 보니 일상생활의 다른 부분이 망가지기 시작했습니다. 방은 항상 어지러웠고, 식습관은 엉망이 되었으며, 잘 하던 운동도 거의 하지 않게 되었습니다. 하지 못한 일들은 쌓여 갔고,

그럴수록 제 머릿속은 더 복잡해졌죠.

머릿속이 헝클어져 공부에 집중이 전처럼 안 된다고 깨달은 순간, 일상에 변화를 주기로 결심했습니다. 제 자신이 뭔가 하나라도 제대로 해내고 있다는 자신감이 간절히 필요했어요. 하지만 예전처럼 혼자 결심하고 혼자 실행하고 혼자 실패하는 방식으로는 한계가 있다고 생각했죠. 그래서 '하나씩'에 참여하게 되었습니다.

Q '5분만'에 참여하면서 어떤 변화를 이루게 되었나요?

A 처음에는 개인적인 차원에서 유익한 습관을 가지고 하루를 생산적으로 보내고 싶어서 '하나씩'에 참가 신청을 했습니다. 공동체를 찾은 것은 혼자 하면 또 실패할 것이라고 생각했기 때문입니다. 처음에는 작은 목표로 시작했습니다. 며칠 만에 포기하지 않고 꾸준히 할 수 있을 만한, 하지만 나 자신에게 도움이 되는 습관으로요.

집에 돌아갈 때 엘리베이터 대신 계단 이용하기와 삼시 세 끼 잘 챙겨먹기로 습관 행동을 시작했습니다. 사실 이렇게 말하면 꽤 큰 목표로 보일 수도 있지만, 굉장히 사소한 일이었습니다. 저희 집은 5층이거든요. 밥도 처음에는 균형 있게 골고루 챙겨먹기보다는 그냥 굶지만 말자는 심정으로 가볍게 빵이나 간편식을 먹기도 했습니다. 별거 아닌 일이지만, 한 달 두 달 끈기 있게 계속하다 보니 뭔가 내 힘으로 내

일상의 부분들을 바꿔나갈 수 있겠다는 확신이 점점 생기기 시작했어요.

그때부터는 삶이 좀 더 생기 있어지고 자신감이 늘어나기 시작했습니다. 그래서 주 3회 1시간씩 운동하기, 주 2회 샐러드 챙겨먹기, 일기 쓰기, 자기 전에 스트레칭하기 등으로 활동을 계속 늘려갔고, 하루하루 지속적으로 기록했습니다. 그러다가 '하나씩' 운영진 제안을 받아 운영진으로 참여하게 되었어요.

Q 운영진으로 참여하면서 가장 크게 느낀 점은 무엇인가요?

A 일반 회원일 때도 개인적으로 많이 발전했지만, 본격적으로 일상이 바뀌어나간 것은 운영진을 맡기 시작하면서부터입니다. 운영진은 한 방의 방장을 맡아 그 방의 회원들이 올려주는 일지를 지속적으로 모니터링하고 인증 현황을 매일 사진으로 공유하는 일을 하기 때문에 여러 명의 글을 긴 시간에 걸쳐 읽게 됩니다. 자연스럽게 각회원들이 시간이 지나면서 어떤 습관을 통해 어떻게 발전해나가는지 알 수 있게 되죠. 그걸 보면서 나도 더 발전하고 싶다는 마음이 생기고, 구체적으로 어떤 습관을 하면 좋을지 그 방법을 바로 보고 배우기도 합니다.

무엇보다 방장으로서 방이라는 작은 공동체를 이끌면서 각 구성원의 유대감을 돈독하게 하는 과정을 통해 혼자 하기 싫은 습관을 외롭게 하는 것이 아니라 다 같이 즐겁게 나아가는 느낌을 받을 수 있었습니다. 무거운 짐을 각자 지고 가는 게 아니라 모두의 짐을 한 수레에 담고 함께 밀고 가는 느낌과 비슷할 듯합니다. 게다가 주위 사람들과 이야기도 하고 웃으며 가니 훨씬 덜 힘들어지는 것 같습니다. 덕분에 혼자라면 절대 하지 못했을 여러 가지 좋은 습관들을 꾸준히 해나가면서 몸에 익게 할 수 있었습니다.

이제는 운동을 격일로 하러 가지 않으면 뭔가 어색할 정도로 운동이 일주일의 필수 일과가 되었고, 지속적인 손글씨 교정을 통해 예쁜 글씨체를 가지게 되었으며, 아침을 꼭 챙겨먹고 채소를 적어도 일주일에 세 번은 먹게 되었어요. 일상생활의 다른 부분들이 수월하게 진행되니, 자연히 하던 공부에도 더 집중할 수 있게 되고 성과도 좋아졌습니다.

Q 참여하고 있는 '하나씩'의 장점이 무엇인가요?

A '하나씩'에서 제공하는 여러 장점 중 회원의 성장을 도울 수 있는 가장 강력한 요소는 바로 '커뮤니티'입니다. 그 이유는 두 가지가 있는데요, 첫 번째는 다른 사람부터 지지를 받을 수 있기 때문입니다. 힘들고 지칠 때 매번 자기 자신을 다독이는 것은 어렵지만, 여러 명

의 나를 이해해주는 사람들과 함께하면 공감과 이해를 얻을 수 있어요. 시간이 지나면 같은 방의 회원들은 단순한 타인이 아니라, 내 성장을 지켜봐주고 다 같이 하루하루를 열심히 살아가는 든든한 동료이자 자극제가 됩니다.

제가 중간에 몇 번 체력 관리에 실패해 아프거나 우울해서 하루를 제대로 보내지 못한 적이 있습니다. 그때 조금 부끄럽지만 '하나씩' 방에 제 사정을 말씀드렸는데, 랜선상에서 가명으로 만난 상대임에도 불구하고 주변 사람의 일처럼 따뜻하게 격려해주셔서 큰 힘이 되었습니다. 같은 학생이거나 막 취업한 회원들도 많아서 본인의 경험과 슬럼프에서 벗어날 수 있는 팁을 전수받기도 했습니다. 그러한 격려와 도움 덕분에 조금 더 빠르게 회복할 수 있었던 것 같아요.

두 번째 이유는 타인이 실천해나가는 것을 보고 배울 수 있다는 점입니다. 우리의 지식과 경험은 한정되어있고, 책이나 강의에서 전하는 가르침도 불특정다수를 위한 것이기 때문에 추상적입니다. 하지만 '하나씩'에서는 개개인의 하루를 공유하므로 도움이 되는 작은 습관이나 깨달음을 배울 수 있습니다. 또한 다양한 사람들이 각자 최대한의 속도로 열심히 살아가는 것을 보면서 혼자라면 느낄 수 없었던 긍정적 에너지와 자극을 받을 수 있죠. 저는 다른 사람들이 실천해나가는 습관이나 생산적인 일과를 보고 항상 많이 배운답니다!

가장 도움이 되었던 습관은 세 가지 정도로 꼽을 수 있을 것 같습니다. 바로 감사일기 쓰기와 지속적으로 운동하기, 과일과 채소 챙겨 먹기입니다. 이 습관들을 실천해나가면서 몸과 마음이 빠르게 건강해져가는 것을 느낄 수 있었어요!

가장 만족스러운 점은, '하나씩' 커뮤니티가 제 학업성취도를 전반적으로 높여줬다는 것입니다. 이전까지는 무조건 혼자 공부하는 편이었어요. 그래서 시행착오도 많이 겪었고, 문제와 그에 대한 해결책을 찾는 데도 시간이 오래 걸렸어요.

하지만 '하나씩' 활동을 몇 달가량 하면서 제 생각은 180도 바뀌었습니다. 타인의 비법과 열정을 배워 내 것으로 만드는 건 부차적이었어요. 나의 부족한 점을 객관적으로 직시할 수 있는 가장 빠른 방법은 다른 사람과 함께하는 것이더라고요. 그래서 전공 과목이나 외국어 등을 공부할 때도 학생들끼리 스터디를 조직해서 함께하기 시작했습니다. 그러자 훨씬 동기부여도 잘되고 공부도 재밌어졌어요! 실력이 느는 속도도 훨씬 빨라졌습니다.

Q 습관 모임 참여가 공부에 어떤 도움이 되었나요?

A 공부할 때 '하나씩'에서 배우고 실천했던 모든 습관들이 학업 부문

에서의 퍼포먼스를 강화하는 데 도움이 되었습니다. 주기적으로 운동을 하고 식사를 잘 챙겨먹으면 체력이 좋아질 수밖에 없더라고요. 이런 지구력이 조금이라도 더 공부를 붙들고 있게 만들어줍니다. 또 하루하루 공부를 끝내고 집에 와서 일기를 쓰며 그날 공부한 분량을 확인하면 나름의 뿌듯함이 생겨서 당장 성과가 나오지 않아도 노력을 지속할 수 있게 됩니다.

일주일에 한 번씩 아침에 명상을 하는 것도 머릿속을 비우고 과제에 집중하는 데 놀라운 효과를 발휘합니다. 비단 공부뿐만이 아니라, 삶의 다른 모든 영역에서 '하나씩'이 주는 커뮤니티의 파워와 습관들이 집중도와 성과를 올려줄 것이라고 생각합니다!

02

습관 디자인 2단계: 습관 선택하기

습관 디자인 2단계는 나에게 맞는 습관을 선택하는 것입니다. 새로운 습관을 디자인해 자신이 원하는 목표를 달성하고 일상을 변화시키는 경험은 생각보다 훨씬 재미있습니다.

'5분만'의 회원들이 설정한 습관은 결코 어렵지 않았습니다. 회원들은 매일 청소기 1분 돌리기, 하루에 영어 단어 10개 외우기, 퇴근하고 바로 씻기 등 아주 사소한 부분에서 변화를 시도했고 손쉽게 성공했습니다.

여기서부터는 필기구를 준비하세요. '5분만'의 회원들이 했던 것들을 여러분도 직접 따라 해보는 겁니다. 지금 나의 상황과 생활을 비교해보고 하나씩 점검하면서 적절한 습관을 구체적으로 선택할 수 있을 것입니다.

—● 나 자신을 이해한다

새로운 습관을 선택하기 전에 먼저 거쳐야 할 단계는 내가 어떤 사람인지, 내가 어떤 습관을 가지고 있는지 파악하는 것입니다. 다행스럽게도 '5분만' 회원들은 대부분 자신에게 필요한 것이 무엇인지 알고 있었습니다. 어떤 사람은 운동, 어떤 사람은 다이어트, 어떤 사람은 자존감 향상이 필요했죠.

많은 경우 예전부터 미뤄뒀던 숙제를 해결하는 느낌이라서 습관을 선택하는 것이 크게 어렵지는 않았습니다. 그렇지만 구체적으로 어떤 습관을 가져야 할지 모르는 경우는 꽤 있었습니다.

여기서는 누구나 따라 하기 쉬운 대표적인 습관 몇 가지를 소개하려고 합니다. 다양한 습관을 하나씩 경험해보면서 내게 필요한 습관, 내가 할 수 있는 습관을 찾아보세요. 계속 이야기하지만, 무엇이든 가볍게 시작해서 성공의 경험을 쌓는 것이 가장 중요합니다.

● 제가 생각하는 건강한 삶은 책을 많이 읽고 운동하면서 사는 거였어요. 내 것으로 하고 싶은 습관은 이미 결정되어있던 것이나 마찬가지였죠. 굳이 내 시간을 들여서 공부하는 것인데 예전부터 하고 싶었던 것을 당연히 선택할 수밖에 없었죠.

습관의 본질은 자신이 의도한 작은 행동을 반복하면서 경험과 기록을 축적하는 것입니다. 하지만 시작하는 습관의 과제가 작고 사소하다고 해서 목표가 작아지는 것은 아닙니다. 예를 들어볼까요. '5분만' 회원 중 한 명은 '매일 팔굽혀펴기 10개'를 새로운 습관으로 만들기로 결심했습니다. 습관을 시작하고 1년 뒤에도 이 회원은 팔굽혀펴기를 열 개 하는 데 만족하고 있을까요? 누구도 그런 기대를 하지 않을 것입니다.

습관 공부를 시작하기 전에 자신이 축적할 습관이 발전하고 완성되면 어떤 모습일지 상상해보세요. 큰 그림을 그려보는 것입니다. 습관의 최종적인 모습에 맞춰 작은 계획들을 세우고 이를 조율하면서 습관 공부를 진행해야 합니다.

다이어트가 목표였던 한 회원은 습관 공부를 하면서 자신의 성향을 정확하게 파악한 후 자신의 성향에 맞는 습관 활동을 선택할 수 있었습니다. 남들이 다 하는 것처럼 하다가 실패를 경험한 이 회원은 이렇게 말하기도 했습니다.

● 처음에는 남들이 그러는 것처럼 헬스클럽을 끊었어요. 그런데 헬스클럽은 제가 의지를 가지고 해야 하는 거더라고요. 그래서 잘 안 가게 되었죠. 그

렇게 날린 돈이 얼마인지… 가만히 저를 분석해보니, 저는 뭔가 강제로 저를 옭아매야 하는 스타일이더군요. 그래서 시간과 장소가 딱 정해져 있는 클래스를 신청했는데 정말 효과를 많이 봤습니다. 못하면 못하는 대로, 잘하면 잘하는 대로 일종의 감시를 받다 보니 효과가 있었던 것 같아요. 혼자 할 수 있는 사람도 분명 있겠지만, 저는 누군가 나를 옭아매고 감시해줄 사람이 있을 때 잘할 수 있는 스타일이었던 거죠.

계획을 세우는 데 부담을 가질 필요도 없습니다. 언제라도 수정할 수 있으니까요. 실제로 습관 모임에 참여한 '5분만'의 회원들 중 한 달 이내에 목표를 바꾸는 사람들이 70퍼센트가 넘습니다. 어떻게 바꿀까요? '하루 독서 30분'에서 '출퇴근시간에 독서 5분'처럼 대부분 활동을 줄입니다.

　매일 무언가를 한다는 것은 굉장히 어려운 일입니다. 목표를 설정하는 것은 중요하지만 만들고 싶은 습관을 너무 고민할 필요 없다는 의미입니다.

● 원하는 것을 얻기 위해 미세하게 수정해나가는 것들이 스타일을 만든다고 볼 수 있을 것 같아요. 이 습관을 어떻게 하면 더 잘할 수 있을까, 바꿔볼 게 뭐가 있을까 이런 식으로 나만의 스타일을 정립해나가는 거죠.

나의 발전 방향을 결정한다는 면에서 목표 설정은 장기적으로 큰 차이를 만듭니다. 목표를 설정하는 방법은 여러 가지가 있는데 여기서는 대표적인 방법 두 가지를 소개합니다.

첫 번째는 SWOT 분석입니다. 경영학 수업을 들어본 사람이라면 한 번쯤은 들어봤을 텐데요. 기업의 외부 환경인 위협Threat과 기회Opportunity를 파악하고 이를 기반으로 조직 내부의 강점Strength과 약점Weakness을 분석하는 방법입니다. SWOT 분석은 습관 공부에서도 현재의 나의 상황을 외부 요인과 내부 요인으로 구분해 한눈에 파악하는 데 사용할 수 있습니다.

지금부터 우리의 상황을 직접 SWOT 분석해보도록 하겠습니다. 자신의 상황을 점검해보고 나의 생활을 객관적으로 확인해보면 나의 장단점을 정확하게 파악할 수 있고, 이를 통해 나만의 작은 습관을 쉽게 찾을 수 있을 것입니다.

습관 공부에서 위협은 현재 내가 처한 외부 환경(학교나 회사, 가족과의 관계)으로 인해 발생하는 위기를 의미합니다. 대학생이라면 전공에 따른 취업 문제가 있을 수 있겠고, 회사원이라면 상사나 동료와의 불편한 관계가 위협이 될 수 있습니다.

위협: _____

_____

_____

외부 환경이 우리에게 위협만 되는 것은 아닙니다. 최근 주목 받고 있는 인공지능 관련 학과에 다니고 있거나 유망한 기술을 보유한 회사에 재직하고 있다면 기회가 됩니다. 가족에게 경사가 있을 때도 기회가 되죠. 기회는 내가 습관을 정할 때 시너지를 낼 수 있습니다.

기회: _____

_____

_____

뛰어난 체력이나 외국어 실력, 높은 학점은 개인에게 강점이 됩니다. 능숙한 파워포인트 작성 능력이나 높은 공감 능력도 무기가 되는 일종의 기술적 강점이 될 수 있습니다.

강점: _____

_____

_____

전자기기에 대한 막연한 두려움, 인스턴트 위주의 식습관 등은 약점이라고 볼 수 있습니다. 당연하게도 모든 것을 잘하는 사람은 없습니다. 지금 나의 상태를 점검해본다는 마음으로 약점들을 서술해보세요.

약점: _____

_____

_____

세계 최고의 축구선수 중 하나인 리오넬 메시를 SWOT 분석해본다면 어떨까요? 축구를 비롯해 모든 스포츠에서 피지컬은 대단히 중요합니다. 메시는 그런 면에서 최악의 약점을 가지고 있습니다. 거기다 체력도 결코 좋은 편은 아니죠. 하지만 빠른 드리블, 정확한 패싱과 슈팅 능력이라는 강점을 가지고 있습니다. 외부 환경은 어떨까요? 세계 최고의 팀인 바르셀로나(기회)에서 뛰고 있지만 전술이 없는 감독이나 탈세 문제 등은 분명 위기로 볼 수 있습니다.

S
STRENGTHS
강점

W
WEAKNESSES
약점

O
OPPOTUNITIES
기회

T
THREATS
위협

SWOT 분석 그래프

리오넬 메시를 SWOT 분석해보면 다음 페이지의 표와 같습니다.

리오넬 메시가 SWOT 분석을 직접 해보지는 않았을 것입니다. 하지만 그는 본능적으로 자신의 강점을 극대화하는 선택을 통해 최고의 자리에 올랐을 것이라고 확신합니다. 작은 체구를 극복하기 위해 드리블과 슈팅, 패스 연습을 습관으로 만들었을 것이고, 그 덕분에 최고의 팀이라는 기회를 만났습니다. 위기도 있지만 그는 또 다른 습관으로 분명히 극복해낼 것입니다.

SWOT 분석을 통해 자신의 현재 상태를 정확하게 파악했다면 이제 우리는 네 가지 전략을 선택할 수 있습니다. 먼저 약점을 최소화하고 위협을 피하는 WT 전략을 살펴볼까요? 한 회원은 직장인인데 아침시간을 활용하고 싶어서 아침에 독서 및 계획 세우기를 습관으로 선택했습니다. 그런데 그 회원은 평소 아침잠이 많았고, 앞서 선택한 습관도 평생토록 잘되지 않던 습관이었습니다. 게다가 출근시간도 이르기 때문에 습관 활동을 지속하는 것이 어려웠습니다.

의욕적으로 한 달 동안 습관 행동을 실천했지만, 결국 실패했습니다. 어려운 일이었던 것이죠. 고민 끝에 아침시간을 포기하고, 대신 저녁에 다음 달 계획을 세우는 것으로 변경했습니다. 이처럼 자신의 약점

S Strengths 빠른 드리블, 정확한 패싱과 슈팅 능력	**W** Weaknesses 피지컬, 체력
O Opportunities 세계 최고의 팀	**T** Threats 전술 없는 감독, 탈세 문제

리오넬 메시 SWOT 분석 그래프 예시

을 정확히 파악한다면 적절한 대안을 찾는 데 효과적입니다.

두 번째는 약점을 최소화하고 기회를 극대화하는 WO 전략입니다. 회사에서는 내부의 약점을 강점으로 바꾸기 위해 외부 환경을 변화(기술 또는 인력 도입)시킵니다. 습관 공부에서도 마찬가지로 코칭이나 교육 등을 통해 외부 환경을 변화시킴으로써 약점을 강점으로 바꿀 수 있습니다. 습관 디자인 프로젝트에 신청한 회원들은 자신의 약한 습관인 음식 조절이나 독서량 향상을 위해 모임 참여라는 외부 조건을 활용했고, 이를 통해 약점을 효과적으로 개선하고 있습니다.

세 번째는 내부의 강점을 통해 외부 환경의 위협에 대응하는 ST 전략입니다. 기계를 다루는 데 능숙(강점)했던 '5분만'의 한 회원은 거리는 아주 멀지 않은데 대중교통이 불편한 출퇴근 경로(위협) 때문에 고민이 있었습니다. 걸어가기는 꽤 멀고, 버스를 타려면 두 번을 갈아타야 해서 시간 소비가 많았기 때문입니다. 그래서 이 시간을 줄일 수 있는 습관을 고민했고, 그 결과 전동 킥보드로 출퇴근하기로 결정했습니다. 그리고 남는 시간에 든든한 아침 먹기 습관을 추가해 예전보다 한결 안정적인 이동 및 식습관을 갖게 되었습니다.

네 번째는 외부의 기회를 살리기 위해 내부의 강점을 활용하는 SO 전략입니다. SO 전략은 습관 공부에서 가장 바람직한 전략이라고 볼 수 있습니다. 저의 경우 인스타그램이나 페이스북, 유튜브를 자유롭게 활용할 수 있는 환경이 기회가 되었습니다. 평소에도 소셜네트워크나 전자기기에 관심이 많았던 것은 강점이었고요. 그래서 유튜브를 통해 '5분만'에서 얻은 습관 공부의 경험을 공유하기로 마음먹었습니다.

매일 유튜브 등에 습관 활동을 올리면서 지인들 외에도 많은 구독자가 생겼고, 그들에게 성실하고 신뢰감 있는 이미지를 줄 수 있었습니다. 이처럼 자신의 강점을 외부의 기회와 연결하는 전략은 습관 공부에도 대단히 효과적입니다.

SWOT 분석은 나의 현재 상태와 미래의 바람직한 상태 간의 차이를 줄이는 데 도움이 됩니다. 게다가 실천 가능한 습관도 찾을 수 있죠.

우리는 습관을 디자인하고 공부하는 과정에 있습니다. 만일 현재와 바람직한 상태 사이의 차이가 크다면 무리한 과제를 설정한 것이고, 무리한 과제를 실천하다 보면 금방 방전될 것입니다. 그래서 사소한 습관을 설정하는 것이 중요합니다. 바람직한 미래를 달성할 때마다 다시 새로운 습관과 목표를 설정해 최종적인 꿈의 단계까지 계단식으로 접근하는 전략이 필요합니다.

5분만 유튜브 채널

목표 설정을 위한 또 다른 방법은 버킷리스트입니다. 죽기 전에 해보고 싶은 일들을 적어놓은 리스트로 잘 알려진 버킷리스트는 자신이 어떤 분야에 관심이 있고 어떤 방향을 원하는지 쉽게 파악할 수 있는 장점이 있습니다.

취업포털 잡코리아에서 2010년에 진행한 설문조사를 한번 살펴볼까요? 조사의 주제는 '직장인이 꼭 해야 할 것'이었고, 남녀 직장인 1,144명을 대상으로 조사가 진행되었습니다. 1위는 무엇이었을까요? 바로 '10년 후 계획 세우기(78.8%)'였습니다. 2위는 '취미생활 갖기(58%)'였고, 간발의 차이로 '새로운 것에 도전하기(50.6%)'가 3위에 올랐습니다.

우리는 방향성을 가지고 사는 것이 중요하다는 사실을 이미 알고 있습니다. 불안한 미래를 대비하기 위해 계획을 세워야 한다는 것도 잘 알고 있죠. 하지만 실제로 계획을 세우는 사람은 거의 없습니다.

일단 버킷리스트를 작성하는 것은 그 자체로도 큰 의미가 됩니다. 편하게 원하는 것을 써보세요. 단, 배우자와 해외 오지 여행하기나 매출액 10조 회사 만들기 같은 지금 당장 이루기 힘든 목표를 쓰지는 마세요.

핵심은 방향성입니다. 오직 '지금' 상황에서 나는 어느 '방향'으로 생활을 '변화'시키고 싶은지에 대한 대답이 목표가 되어야 합니다. 북한산 등반, 부모님과 따뜻한 저녁 먹기, 반려동물과 나들이 가기 등 소소하게 자신에게 행복을 주는 행위들로 버킷리스트를 채워보세요.

버킷 리스트: _____

_____

_____

_____

_____

'5분만' 회원들의 버킷리스트는 어땠을까요? 밤늦게까지 스마트폰 하지 않기, 5분 일찍 일어나기, 밤 8시 이후에 야식 먹지 않기 등 대단히 소소한 목표로 채워져 있습니다. 지금 상태보다 조금 더 나은 방향으로 걸음을 내딛는 데 도움이 되는 목표면 충분합니다.

버킷리스트를 모두 채웠다면 이제 각 목표를 '시간의 매트릭스'라는 표를 활용해 분류해봅시다. 시간의 매트릭스는 중요도와 긴급도로 구분한 사분면으로 목표나 하고 싶은 일들의 위치를 자신이 생각하는 기준에 따라 분류하는 것을 목적으로 합니다.

《성공하는 사람들의 7가지 습관》의 저자 스티븐 코비는 시간의 매트릭스에서 긴급하지 않으면서 중요한 일(2사분면)이 인생에 가장 큰 영향을 준다고 말했습니다. 하지만 대부분은 1사분면의 일에 집중하기 때문에 큰 변화를 일으키기 어렵다고 합니다. 아주 완벽하게 분리할 수 없는 문제도 분명 있겠지만, 매트릭스를 활용해 내가 바라는 것들의 대략적인 위치를 시각적으로 확인할 수 있는 방법입니다.

우리가 '5분만'의 소모임을 만들 때 사용했던 구분법도 목표를 나누는데 도움이 될 것입니다. 일단 여러분의 버킷리스트를 '5분만'의 기준에 맞춰 분류해보세요. 앞서 '5분만'의 소모임 네 개를 소개했는데, 각각의 모임은 '성장의 기본 습관', '건강', '독서', '자존감 향상'과 같은 기본 역량을 기준으로 만들어진 것입니다.

우리가 그랬던 것처럼, 습관을 새로 들이고 싶은 대부분의 사람들은 막연한 목표를 가집니다. '5분만'의 회원들도 '습관을 개선하고 싶어서', '왠지 책은 읽어야 할 것 같아서'처럼 아예 선택을 하지 못하고 참여한 사람도 있고, '밤에 일찍 자기'나 '야식 안 먹고 5분 맨몸운동 하기' 등 현재 급하고 중요한 1사분면의 습관을 우선하는 경우도 많습니다. 처음이라서 여유가 없는 것입니다.

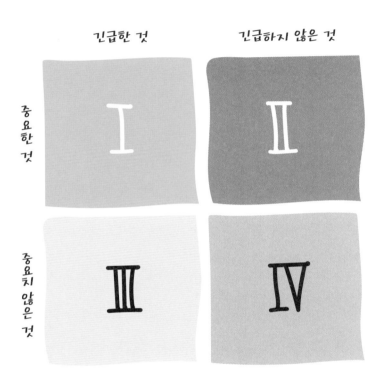

시간의 매트릭스

그러다가 2~3개월 후 처음의 습관이 안정되면, 그다음에는 여유를 가지고 2사분면의 급하지 않지만 중요한 습관에 대한 고민을 시작합니다. 밤에 일찍 자는 것이 습관이 되면 이제 아침에 일어나서 평소에 못 했던 영어 공부를 시작하거나, 맨몸운동 5분이 습관이 되면 평생토록 하고 싶었던 턱걸이를 하려고 문틀에 풀업바를 설치해서 연습하는 것처럼 말이죠.

이렇게 습관 시스템이 작동하면서 점점 자신이 처음에 의도한 습관과 종류와 활동이 달라지고, 각각을 조율할 수 있게 됩니다. 이를 통해 자신에게 더 중요하고 어려운 습관에 도전하게 되고 성과도 내고 있습니다.

—● 상상력을 발휘해 습관을 쪼갠다

목표를 찾았다면 이제 창의력을 발휘해 목표 달성을 위한 아주 사소한 습관들을 상상해보는 단계로 접어듭니다. 앞서 습관은 어떤 상황에도 실행할 수 있도록 쉽고 부담이 없어야 한다고 말했습니다. 5분이면 할 수 있는 습관, 야근을 하고 술을 마셔도 할 수 있는 습관, 다른 사람에게 말했을 때 부끄러운 정도의 습관이면 적당합니다.

놀라운 점은 원하는 목표를 작은 단위로 쪼개서 정하는 것에도 요령이 필요하다는 것입니다. 그동안 큰 성과만을 추구했던 상태에서 갑자기 너무 사소한 목표를 세우게 되면 굉장히 어색합니다. 그런데 목표를 작게 세우라고 하니 '매일 나에게 작은 위로를 하기'나 '하루에 조금씩 운동하기' 등 막연한 습관을 선택하는 경우가 많습니다. 대부분 처음 참여하는 사람들에게서 확인되는 현상입니다.

그럴 때는 보다 구체적으로 '매일 퇴근하는 버스 안에서 나를 위로하는 문장 1개 적어보기'나 '집에 들어가자마자 팔굽혀펴기 10개 하기' 등 생활과 밀접한 연관이 있고, 작지만 실천 여부를 확인할 수 있는 습관 목표를 정하는 것이 필요합니다. 그래야 생활 변화에 대한 충격이 작고, 실천하는 데 부담이 줄어 성공률을 높일 수 있습니다.

'5분만'에서 운영하고 있는 '한쪽만'의 목표는 이름 그대로 '한' 쪽만 읽기입니다. '먹은거' 회원들의 목표 중에는 '물 1리터 마시기'도 있었죠. '하나씩' 회원들은 하루에 자신을 칭찬할 거리 하나만 발견해도 신나게 글을 써서 공유했습니다. 매번 새로운 습관을 들이는 데 실패했던 사람들이 사소한 습관들로 목표를 쪼갠 덕분에 성공을 맛보고 다음 단계로 나아갈 수 있었던 것이죠.

하지만 이렇게 상상력을 발휘해 목표를 작게 쪼개더라도 몇 번 실패할 수 있습니다. 앞서 언급한 출장이나 시험공부 등 불가피한 상황 때문에 말입니다. 그럴 때는 전체적인 습관 시스템을 유지하는 것에 의의를 두고 마음 관리를 하는 것이 필요합니다.

상상력을 발휘해서 목표를 최대한 작게 나누고, 그럼에도 불구하고 발생하는 실패를 묵묵히 감내하면서 성공률을 높이기 위해 최선을 다하는 것이 습관을 지속하는 마인드 관리의 비결입니다.

— 5분만 Tip —

목표를 작게 세우면 초과 달성하는 날도 생기게 됩니다. 이렇게 되면 보너스의 느낌도 나서 더욱 기분을 좋게 만들고, 습관을 지속하는 큰 원동력이 됩니다.

이렇게 목표를 최대한 작게 나누고, 그것을 실천하면서 성공 경험을 쌓는 것이 안전한 방법입니다.

02 습관 디자인 2단계: 습관 선택하기

03

습관 디자인 3단계:
습관 시작하고 유지하기

내 삶에 접목해 실행할 수 있는 새로운 습관의 종류와 강도를 결정했나요? 여기서부터는 본격적으로 습관을 시작하고 유지하는 방법에 대해 알아봅니다. 없던 습관을 새로 시작하고 지속하려면 전략이 필요합니다. 습관 디자인 프로젝트 '5분만'의 목표도 습관을 지속하는 데 두고 있습니다. 지금까지 사소한 습관을 그렇게 강조했던 것도 모두 습관을 '지속'하기 위해서였죠.

새로운 습관 하나를 완성하면 그 후에는 종류와 수준을 조금씩 발전시키면서 더 큰 성장을 이룰 수 있습니다. 교육학에서는 이를 ①작은 단계의 원리 ②적극적 반응의 원리 ③즉각 보상의 원리 ④자기 진도의 원리를 통해 설명합니다.

① 작은 단계의 원리

교육학에서는 습관을 효과적으로 디자인하기 위한 첫 번째 원칙으로 차근차근 목표의 수준을 높이는 것을 제안합니다. 성취 목표에 도달하기까지의 과정을 수준과 난이도를 조정해 작은 단계로 세분화하는 것이죠.

이를 위해서는 자신의 목표와 습관 간에 어떤 연관성이 있는지 살펴봐야 하고, 자신의 관심과 흥미가 어느 정도인지도 고려해야 합니다. 그래야만 습관 행동에 따른 참여가 높아지고, 성공에 대한 보상을 받을 확률이 높아집니다. 이를 통해 목표를 달성하기 위한 특정 행동에 더 적극적으로 반응하게 됩니다.

② 적극적 반응의 원리

노력을 강화하기 위해서는 단순히 동기와 의욕만으로는 부족합니다. 자신이 원하는 습관을 형성하려면 스스로 적극적으로 행동해야 합니다. 교육학에서는 이를 적극적 반응의 원리라고 부릅니다.

습관 공부에서도 마찬가지입니다. 나의 습관은 누구도 대신해줄 수 없기에 능동적이고 적극적으로 습관 행동에 나서야 합니다.

스스로 결정한 습관을 완성하는 것 또한 본인의 적극적인 반응, 즉 행동입니다. 심리학자인 앤절라 더크워스는 자신의 책 《그릿》에서 성공의 핵심요소로 '끝까지 해내는 것'을 꼽았습니다. '동기와 의욕이라는 열정을 기반으로 끝까지 포기하지 않고 노력하는 힘'으로 정의되는 그릿GRIT이 재능보다 더 중요하다는 것이죠.

습관 디자인 또한 결코 재능으로 잘할 수 있는 것이 아닙니다. 끝까지 해내기 위해 적극적으로 행동할 때 비로소 새로운 습관을 내 것으로 만들 수 있다는 사실을 기억해야 합니다.

③ 즉각 보상의 원리

습관을 공부할 때 성공을 경험했다면 즉각적으로 보상을 해야 합니다. 보상을 통해 성취감을 잃지 않도록 하는 것이죠. 이처럼 즉각적인 보상은 성공에 대한 동기를 강화합니다.

보상이 꼭 돈이나 칭찬 같은 방식을 취할 필요는 없습니다. 결과를 시각적으로 확인할 수 있도록 포트폴리오를 만드는 것도 좋은 보상 방법입니다. 변화의 과정을 사진이나 글로 남기는 것도 충분한 보상이 되죠. '5분만' 같은 커뮤니티를 만들어 서로에게 피드백을 줄 수 있는 환경을 조성하는 것도 도움이 됩니다.

④ 자기 진도의 원리

특정한 목표에 도달하기 위한 행동의 수준과 속도는 사람마다 다릅니다. 습관을 공부할 때는 타인이 아닌 나만의 수준과 속도를 찾아야 합니다. 이를 교육학에서는 자기 진도의 원리라고 합니다.

성과, 노력의 수준과 정도를 타인과 비교하는 순간 좌절과 같은 부적절한 심리적 보상이 주어지게 되고, 계획한 행동을 하지 않게 될 가능성이 높습니다. 삶에서도 습관 공부에서도 타인과의 비교는 영 좋지 않은 결과를 가지고 옵니다. 오직 자신 앞에 놓인 목표를 향해 자신만의 속도로 달리세요. 새털 같이 많은 시간이 우리 앞에 있으니까요.

지금까지 소개한 네 가지 습관 형성 원리를 바탕으로 습관을 함께 만들어볼까요?

━● 나만의 습관 시간을 찾아라

먼저 자신의 생활 현황을 파악해봅시다. '5분만'에서는 이를 파악하기 위해 습관 디자인 초기에 주간일정표를 작성합니다. 한 주의 시간표를 작성해보면 생활 패턴이 보이는데, 새로운 습관을 넣을 수 있는, 일종

시간	월요일	화요일	수요일	목요일	금요일	토요일	일요일
오전 6:00	기상	기상	기상	기상	기상		
오전 7:00	출근 준비하기	출근 준비하기	출근 준비하기	출근 준비하기	출근 준비하기		
오전 8:00	이동	이동	이동	이동	이동	기상	기상
오전 9:00	근무	근무	근무	근무	근무	자유시간	독서
오전 10:00							
오전 11:00							
오후 12:00						점심	자유시간
오후 1:00						이동	
오후 2:00						독서모임	
오후 3:00							
오후 4:00							
오후 5:00							
오후 6:00						이동	
오후 7:00	자유시간	필라테스 운동	추가 근무	필라테스 운동	자유시간	필라테스 운동	주간정리
오후 8:00		이동		이동		자유시간	
오후 9:00	이동	집도착	이동	집도착			
오후 10:00	습관	습관	집도착	습관	이동		취침
오후 11:00	취침	취침	취침	취침	집도착	집도착	
오전 12:00					취침	취침	

주간일정표 예시

의 빈 공간을 찾을 수 있습니다. 일정을 세세히 기록할수록 습관을 넣을 수 있는 시간과 장소를 좀 더 쉽게 찾아낼 수 있습니다.

주간시간표를 분석해보면 간단하게는 자신의 생활 패턴을 인지할 수 있게 되고, 더 나아가 자신의 시간을 효율적으로 사용할 수 있는 방법을 찾을 수 있게 됩니다. 대학생이라면 집 → 학교 → 토익학원 → 집 정도의 패턴일 것이고, 직장인이라면 집 → 회사 → 퇴근 후 저녁 일정 → 집 정도의 패턴일 것입니다.

생활 패턴을 파악했다면 이제 습관 행동 실행을 위한 시간대를 선택해야 합니다. 시간대를 설정할 때 가장 최우선으로 고려해야 할 것은 무엇일까요? 무엇보다 정기적이고 안정적으로 습관을 실행할 수 있는 시간대여야 합니다. 직장인이라면 출장이나 회식, 야근 등의 긴급 상황이 발생할 수 있기 때문에 출근시간을 활용하는 것이 가장 좋습니다. 출근시간은 하루의 시작이라는 점에서 심리적으로도 습관을 실행하기에 좋은 시간이죠.

실제로 '5분만'의 회원들은 습관 실행 시간대로 아침시간을 가장 많이 선택했습니다. 아침에 눈 뜨고 곧바로 스트레칭을 하거나 양치질을 하기 전에 팔굽혀펴기를 하는 것으로 습관을 실행하는 회원들이 대부분이었습니다. 《미라클 모닝》 같은 아침 습관을 다룬 책이 크게 유행하기도 했고, 야근 아니면 회식이 반복되는 밤시간은 습관을 실행하기도 전에 지칠 것 같아 보였기 때문일 것입니다.

저 또한 주간시간표를 작성한 후 출근시간을 습관 행동 시간대로 설정했습니다. 저는 운동 습관을 디자인하기 위해 교통수단 이용시간까지 세세하게 나눠 주간일정표를 작성했습니다. 저의 출근 패턴은 다음과 같습니다.

집 → 마을버스(10분) → 경복궁역 → 지하철(35분) → 대치역 → 도보 (10분) → 사무실

출근 패턴을 확인해보니 마을버스 이동시간과 도보 이동시간에 운동을 하면 될 것 같았습니다. 이를 위해 자전거 두 대를 구입해서 한 대는 집에서 경복궁역으로 이동할 때까지 이용하고 한 대는 대치역에서 사무실까지 이동하는 데 사용했습니다. 출근 패턴을 분석해 운동 습관을 넣을 시간을 마련한 것이죠.

꼭 출근시간 또는 아침시간을 선택해야 한다는 말은 아닙니다. 퇴근하고 집에 돌아오는 시간도 좋고, 출퇴근 버스 안이나 사무실 엘리베이터, 지나가는 길에 항상 들르는 곳도 좋습니다.

핵심은 자신의 생활 패턴을 파악해 그에 맞춰 습관 시간대를 선택하는 것입니다.

자신의 생활을 세세하게 그려보면서 주간시간표를 작성한다면 습관을 실행할 수 있는 최적의 시간과 장소를 손쉽게 선택할 수 있을 것입니다. 어느 시간대를 선택하든 습관을 지속하는 것이 중요합니다.

여전히 시간대를 선택하는 것이 어렵다면 잠자리에 들기 직전 시간을 추천합니다. 습관 공부를 시작하기 전의 저는 일하면서 과열된 머리를 식히기 위해 집에 돌아와 자기 전까지 대부분의 시간을 TV를 보면서 보냈습니다. 재미도 없는데 보다 보면 어느덧 새벽이었고, 부랴부랴 잠자리에 들어서도 스마트폰을 들여다보느라 취침시간이 한두 시간 뒤로 미뤄지기 일쑤였습니다.

그래서 찾은 방법이 집에 오자마자 샤워하기였습니다. 저의 생활 패턴을 가만히 분석해보니 집에 와서 샤워하기 전까지 딴짓을 많이 하는 것을 확인했기 때문입니다. 그래서 오자마자 샤워를 하는 것으로 마음 정리를 했습니다.

그 후 습관 모임에 그날 한 습관의 내용을 기록하고 공유합니다. 기본적인 할 일을 마치면 폼롤러로 굳어진 등을 1~2분 푼 후 책을 조금 읽고 자는 패턴을 유지하려 연습합니다. 업무 특성상 회식이 많지 않기 때문에 이렇게 잠자리 전 시간에 습관을 하는 게 어렵지 않았습니다.

무엇보다 시간을 조율해가면서 습관 행동을 실천하는 최적의 순간을 찾아내는 것이 중요합니다. '5분만'의 다른 회원들도 저와 마찬가지로 일과 중에 못 했던 팔굽혀펴기나 식단일지 작성 등을 잠자리에 들기 전에 해서 보내고 다른 회원들의 습관 인증에 피드백 한 후 잠을 청하는 경우가 많았습니다. 그날의 습관 인증 결과를 운영진이 밤 11시쯤에 매일 메신저 창에 공유하는데, 10시 30분에 알람을 맞춰놓고 알람이 울리면 부랴부랴 습관 행동을 실행하는 것이죠.

읽을 거리 : 아침형 인간 vs 저녁형 인간

유력한 노벨문학상 후보로 거론되는 무라카미 하루키는 대표적인 아침형 인간입니다. 하루키는 매일 새벽 4시에 일어나 오전 내내 집필에 몰두합니다. 컨디션이 좋을 때나 나쁠 때나 하루에 200자 원고지 20장을 쓴다고 합니다. 달리기나 수영을 하고 남은 시간에 책도 읽고 음악도 들으며 오후를 여유롭게 보내고, 저녁에는 친구들과 시간을 보낸 후 9시에는 잠자리에 든다고 하네요.

하루키는 자신의 생활 패턴에 대해 2004년 한 매체와의 인터뷰에서 이렇게 말했습니다. "나는 이런 습관을 매일 별다른 변화를 주지 않고 반복합니다. 그러다 보면 반복 자체가 중요한 것이 되죠."

이제는 원로로 칭해도 어색하지 않은 배우 최수종 씨도 대표적인 아침형 인간입니다. 매일 새벽 5시 30분에 일어난다고 하네요. 축구를 사랑하기로 유명한 만큼 아침시간에는 조기축구 모임에 나가 운동을 한

03 습관 디자인 3단계: 습관 시작하고 유지하기

다고 합니다. 최근 인터뷰에서는 자신의 아침 습관 덕분에 아침 일찍 있는 방송 스케줄도 부담이 없다고 말하기도 했습니다.

반면 현대미술을 대표하는 화가 중 하나인 잭슨 폴락의 기상시간은 12시였다고 합니다. 저녁형 인간이라고 볼 수 있죠. 잭슨 폴락은 작품 활동을 위해 번잡한 뉴욕을 떠나 롱아일랜드 동부에 위치한 작은 어촌 스프링스에 안착했습니다. 12시에 일어나 1시부터 4~5시간 동안 헛간을 개조한 작업실에서 작업을 하고, 작업이 끝나면 친구들과 맥주를 곁들인 저녁 식사를 밤늦게까지 했다고 하네요.

무라카미 하루키와 최수종, 잭슨 폴락이 주로 활동하는 시간은 제각각입니다. 여기서 주목할 것은 자신만의 패턴을 고정해 반복한다는 사실입니다. 우리 생활에서도 다른 사람들의 영향을 가장 적게 받는 시간대는 서로 다를 것입니다. 내가 어떻게 생활하는지 패턴을 파악한 후 가장 편하게 습관을 지속할 수 있는 시간을 선택해야 할 것입니다.

—• 습관을 일상에 끼워 넣어라

사소한 습관은 에너지 소비가 적은 습관입니다. 습관을 안전하게 자리 잡도록 하기 위해서는 기존의 상태를 한 번에 바꾸는 것이 아니라 뇌가 인지하지 못할 정도로 작은 행동을 추가해야 하는 것이죠. 이때 가장 손쉽게 새로운 습관을 추가하는 방법이 바로 '습관 끼워 넣기'입니다.

심리학에는 '자아고갈 이론'이라는 것이 있습니다. 플로리다주립대학교의 로이 바우마이스터는 사람의 의지력을 '연료'에 비유했습니다. 목표를 달성하기 위해 생각과 충동을 지나치게 억제하면 의지력도 함께 고갈된다는 것입니다.

이를 입증하는 연구도 있습니다. 사람들을 두 집단으로 나누고 하루 종일 굶긴 후 한쪽은 무를 먹도록 하고, 한쪽은 향기 나는 초콜릿 쿠키 옆에서 무를 먹도록 했습니다. 그 결과, 초콜릿 쿠키 옆에서 무를 먹은 쪽이 훨씬 더 빨리 무 먹기를 포기했습니다. 포기하는 사람들의 숫자 역시 두 배 이상 많았습니다. 초콜릿 생각이 나는데 무만 먹는 것에는 엄청난 의지가 필요했던 것이죠.

습관을 디자인할 때도 주의를 기울여야 합니다. 무리한 시간에 습관 공부를 무리하게 한다면 큰 의지가 필요하고, 의지의 용량이 급격하게 줄어들면 습관을 지속하는 데 문제가 발생합니다.

● 중간중간 하나씩 하는 게 굉장히 좋았어요. 물론 개인차가 있겠지만요. 저
같은 경우에는 습관 개수가 거의 10개 정도 되는데, 시간을 따로 내서 하
려면 진짜 시간이 많이 걸리거든요. 아예 또 다른 일과 하나가 추가되는 느
낌인데, 지금 제가 하는 방식은 그냥 자투리 시간에 하나씩 찔끔찔끔 하는
거라서 그렇게 일과에 부담이 안 돼요. 시간적으로나, 심적으로나.

습관 끼워 넣기는 '의지'라는 한정된 자원을 효율적으로 사용할 수 있는
가장 간단한 방법입니다. 예를 들어볼까요? 많은 사람들이 거북목 때
문에 고생합니다. 잘못된 자세를 교정하기 위해 치료를 받는 사람도 있
고 스트레칭을 습관으로 만들어 교정하려는 사람도 있습니다.

거북목은 간단한 스트레칭으로도 교정이 가능하기도 합니다. 자신
의 시선보다 높은 곳을 바라보는 것인데요. 원래 목을 굽히는 방향과
반대 방향으로 펴주는 원리입니다. 물론 꾸준함이 전제가 되어야 하고
요. 이 간단한 스트레칭 습관을 우리 일상에 끼워 넣는다면 어떨까요?

저는 버려지는 시간에 주목했습니다. 저는 하루에 적어도 한두 번
은 엘리베이터를 타는데, 이때 다른 사람들에게 들키지 않도록 구석에
가서 고개를 들어 천장을 바라보는 것으로 스트레칭을 시작했답니다.

스트레칭 하는 시간을 따로 마련하는 것도 좋은 습관 공부가 되겠지만, 이처럼 일상에 자연스럽게 스트레칭 시간을 끼워 넣을 수도 있습니다. 제한된 의지를 사용해 일부러 시간을 내는 것보다 더 간단하고 성취하기 쉬운 습관임에는 분명합니다.

💬 영어, 중국어, 일본어 3개 국어를 공부하고 있는데, 처음에는 영어 회화로 시작했다가 거의 곧바로 중국어도 같이 했어요. 일단 교재도 재미있어서 습관으로 확 자리를 잡았고요. 출퇴근할 때 버스 안에서, 지하철 안에서 습관 활동으로 그냥 계속 들어요. 이제는 대중교통을 탔을 때 이어폰을 안 꽂고 있으면 허전해요.

정해진 활동 사이에 습관을 끼워 넣는 전략에 익숙해지면 변형도 쉽게 할 수 있습니다. 식단 관리를 한다면 음식이 나오고 숟가락을 들기 전에 사진을 찍는다든지, 머릿속이 복잡할 때는 플래너 어플리케이션을 쓰면서 정리를 한다든지, 더 나아가 매주 일요일에는 좋아하는 카페에서 복기의 시간을 갖는 것처럼 다양한 형태로 끼워 넣기 전략을 확대할 수 있습니다.

저는 끼워 넣기 전략으로 현재 서른한 개의 습관을 하고 있습니다. 어깨 돌리기나 팔굽혀펴기, 물 2리터 마시기처럼 매일 하는 습관도 있고, 등산, 맞춤법 테스트처럼 주간/월간 단위로 실행하는 습관도 있죠. 중요한 것은 정기적으로 반복한 덕분에 이러한 행위가 습관이 되었다는 사실입니다.

'5분만'의 많은 회원들 또한 끼워 넣기 전략을 사용하고 있습니다. 사무실에 물통을 구비해두고 사무실에 들어가자마자 물을 마시는 회원도 있고, 화장실 문틀에 풀업바를 설치하고 화장실에서 나올 때마다 턱걸이를 연습하는 회원도 있습니다. 공부하려고 책상에 앉았을 때 일종의 의식처럼 물티슈로 책상을 무조건 한 번 닦는 회원도 있습니다.

이들 모두 자신의 생활을 정교하게 파악하고 그 사이에 필요한 습관을 끼워 넣음으로써 자연스럽게 실천으로 옮길 수 있는 방법을 연구하고 있습니다. 다시 이야기하지만, 일상생활에 습관을 끼워 넣어서 의지를 최대한 절약하는 전략을 실천하는 것이 지속의 핵심입니다.

→ 습관을 위한 환경을 만들어라

제가 실행하고 있는 습관 중에 '하루에 물 2리터 마시기'가 있습니다.

하루에 2리터의 물을 마시면 신진대사와 노폐물 배출이 활발해진다고 합니다. 게다가 수분 공급도 원활해지면서 노화도 방지할 수 있다고 해서 습관으로 만들었습니다.

처음 습관을 공부할 때 부딪혔던 문제는 2리터라는 양이었습니다. 습관 디자인 지식도 어느 정도 쌓여 있던 터라 잘할 수 있을 줄 알았는데 역시나 의지와 노력만으로는 부족했습니다.

습관을 쉽게 실천할 수 있는 방법은 바로 습관을 실행하는 '환경을 만드는 것'이었습니다. 새로운 습관을 일상에서 자연스럽게 실행할 수 있는 환경을 조성하는 것이죠.

물을 마시기 위한 환경을 어떻게 만들 수 있었을까요? 처음에는 예쁜 텀블러를 썼습니다. 책상 앞에 '하루에 1리터씩 2번 마시기'를 적은 포스트잇도 붙여놓았고요. 하지만 번번이 실패했습니다. 스스로 몇 번 마셨는지 기억하기 어렵고, 바쁘면 정수기까지 가는 것도 귀찮더라고요.

고민 끝에 2리터짜리 생수 30병을 사무실로 주문해놓고 출근과 동시에 생수 한 병과 컵을 준비했습니다. 2리터 생수를 곁에 두고 하루 종일 한 병 정도 마시면 물 마시는 습관을 간단하게 완료할 수 있습니다.

여기서 2리터짜리 생수를 준비한 것은 마신 양을 계산하기도 쉽고

03 습관 디자인 3단계: 습관 시작하고 유지하기

정수기까지 가는 번거로움을 줄일 수 있는 환경 설계입니다. 저는 이 습관을 120일 정도 지속하면서 완전히 익숙해졌고, 지금은 환경을 생각해서 500밀리리터 텀블러를 사용해 습관을 지속하고 있습니다. 지금까지 314일 동안 총 628리터의 물을 정기적으로 뱃속에 채웠답니다.

환경 조성의 중요성을 확인할 수 있는 또 다른 예를 볼까요? 구부정한 자세는 직장인들의 업무 효율을 떨어트리는 가장 큰 적 중 하나입니다. '5분만'의 회원들도 잘못된 자세를 교정하기 위한 습관을 디자인하는 데 공을 들이고 있습니다. 전문가에게 자세를 교정 받기도 하고, 엘리베이터 습관 같은 새로운 습관을 고안하기도 합니다.

　　최근 유행하는 홈 트레이닝을 통해 자세를 교정한 회원은 요가 매트를 까는 것조차 귀찮아서 운동을 하지 않던 사람이었습니다. 자세 교정을 습관으로 설정한 후, 회원이 처음으로 했던 행동은 홈 트레이닝용 매트를 사서 거실에다 깔아 놓는 것이었습니다. 전신 거울이 설치되어 있는 벽 바로 앞에다 말이죠.

　　예전에는 침실에서 요가를 해봤는데, 요가 매트를 깔려면 방을 치우기도 해야 하고 준비 작업이 필요했습니다. 하지만 이제는 매트가 깔려 있는 곳에서 바로 시작할 수 있어서 습관 활동을 방해하는 첫 번째 장애물을 자연스럽게 치울 수 있었다고 합니다.

집과 사무실에 풀업바를 설치해두고 눈에 띌 때마다 사용했던 회원도 있습니다.

💬 밖에 나가서 해야 했다면 습관 활동 초기부터 귀찮아졌을 거예요. 집과 사무실에 풀업바를 설치해놓은 덕분에 습관이 자리 잡는 데 확실히 도움이 되었습니다. 정말 아무 때나, 예를 들어 밥 먹고 들어갈 때, 화장실 갈 때 풀업바가 보이니까 한두 개라도 하게 되더라고요.

얼마 전에 고향집에 다녀왔는데, 방에 들어갈 때 나도 모르게 팔을 위로 올리게 되더라고요. '아, 여기에도 풀업바 하나 놓아야겠다'라는 생각이 저절로 들었답니다.

매번 의지력을 사용해야 하는 습관은 장기적으로 지속성을 갖기 어렵습니다. 애플은 잘못된 자세 때문에 직원들의 능률이 떨어지는 문제를 해결하기 위해 1만 2,000명의 직원 모두에게 스탠딩 데스크를 제공했습니다. 회사 차원에서 자세를 바꿔 일할 수 있는 환경을 조성한 것이죠.

앉은 자세는 허리에 부담을 주기 때문에 정기적으로 일어나 자세를 바꿔줘야 합니다. 서서 일하는 스탠딩 데스크는 자세 교정에도 효과가 있고, 활력도 생기게 해줍니다. 몸을 움직이는 게 습관이 되면 가벼운 운동으로도 이어질 수 있답니다.

03 습관 디자인 3단계: 습관 시작하고 유지하기

'5분만'의 한 회원의 말을 들어보면 운동 습관을 갖기 위해 반드시 헬스클럽에 등록해야 할 필요도 없을 것 같습니다.

💬 제 행동의 80% 이상은 귀차니즘으로 설명이 가능해요. 헬스클럽에 가려면 일단 준비해야 할 게 너무 많았어요. 운동화 준비하는 것도 귀찮고, 샤워 도구를 가지고 다니는 것도 번거롭더라고요. 게다가 퇴근하고 다니려다보니 귀가시간도 너무 늦어서 잘 가지 않게 되더라고요. 보고 싶은 방송을 보면서 편하게 운동을 하고 싶었고, 그래서 집에서 실내용 자전거를 타는 것으로 습관 행동을 결정했는데, 저한테 꼭 맞는 선택이었던 것 같아요.

환경을 설정하는 능력 자체가 '원하는 목표'를 달성하는 데 직접적인 영향을 미치기도 합니다. 저는 자전거 타는 것을 굉장히 좋아하는데, 직장에 묶인 몸이라 따로 시간을 내기가 어렵습니다. 그래서 틈틈이 자전거를 타기 위해 출퇴근용 자전거 두 대 외에 서울시에서 제공하는 공유자전거 따릉이를 이용했습니다. 지인과 약속이 생기면 지도 어플리케이션으로 시간을 측정해 30분 이내의 거리인 경우 따릉이를 타고 이동했습니다. 이동할 때 자전거를 이용해 운동이라는 '원하는 목표'를 성취한 것이죠.

하지만 자전거는 가지고 다니기 불편한 것이 현실입니다. 일종의

'의지'를 소비한다고도 볼 수 있습니다. 따릉이는 제가 가지고 있던 자전거보다 기능은 조금 떨어지지만 보관의 불편함을 해소해줬기 때문에 '의지'를 아낄 수 있었습니다. 습관의 지속 측면에서 봤을 때 가장 최적의 선택인 것이죠. 이렇게 여러 대의 자전거를 활용해 의지를 덜 사용하면서 매일 손쉽게 운동을 할 수 있습니다. 이처럼 상황에 따라 습관을 지속할 수 있도록 환경을 계속해서 관리해야 합니다.

'5분만'의 회원들도 습관을 지속하기 위해 환경을 적극적으로 변화시키고 있습니다. 회원들이 가장 갖고 싶어 하는 습관 중 첫 번째가 바로 운동입니다. 회원들은 대부분의 사람들과 비슷하게 운동 습관으로 '러닝머신 뛰기'를 선택합니다. 재밌는 점은 러닝머신 뛰기 습관을 디자인할 때도 유형별로 다양한 환경을 설계한다는 것이었습니다.

가장 많은 환경 설계 유형은 목표 거리를 설정하는 것이었습니다. 러닝머신의 계기판 숫자가 목표 거리에 도달할 때까지 묵묵히 걷거나 뛰는 거죠. 이렇게 목표를 설정한 회원들은 목표 거리에 도달하고 사진을 찍는 것으로 만족감을 얻을 수 있었다고 합니다.

어플리케이션의 도움을 받는 회원도 많았습니다. '런데이'라는 어플리케이션은 달리기 플랜을 자유롭게 설정할 수 있는데, 보상이 특히 매력적입니다. 차수별로 도장도 찍어주고 매력적인 성우의 목소리로 달리는 중간중간 칭찬을 들려주는데, 여기에 매력을 느끼는 회원들이 많았습니다.

영상을 틀어놓고 영상 재생시간만큼 달리는 회원도 종종 있었습니다. 자신이 좋아하는 드라마나 예능을 볼 수 있는 환경을 조성해놓고 습관 행동을 하는 것이죠. 어떨 때는 영상이 보고 싶어서 러닝머신을 뛰는 경우도 있다고 합니다.

'5분만' 회원들처럼 상황을 설정하는 것으로 습관 환경을 만들 수 있지만, 장소 자체를 관리함으로써 습관 환경을 만들 수도 있습니다. 제가 최근 실행하고 있는 또 다른 습관 하나는 영상 촬영입니다. 습관 프로젝트 이름을 따 '5분만'이라는 유튜브 채널을 개설하고 일주일에 한 개 이상의 영상을 업로드하는 것을 목표로 습관 공부를 하고 있습니다.

의지도 동기도 충만했지만 문제는 전혀 생각지 못한 곳에서 발생했습니다. 영상은 스마트폰으로 찍으면 되는데, 안정적으로 촬영할 수 있는 장소를 찾기가 어려웠습니다. 처음에는 사무실 근처의 스튜디오를 빌려볼까 했는데 매번 예약을 해야 해서 번거로움이 이만저만이 아니었습니다. 일주일에 한 번 이상 촬영을 해야 하는데 거리도 멀고 대여비도 비싸서 부담도 상당했죠.

이런 상황에서 습관을 강행했다면 큰 의지를 필요로 했을 것입니다. 의지를 많이 사용하는 것은 습관 디자인의 기본 방향에 위배되고요. 고민 끝에 집과 사무실을 스튜디오로 사용하기로 결정했습니다. 마침 회사에서도 유튜브 진출에 관심을 가지고 있어서 촬영 업무를 맡아 준비하면서 새로운 습관도 함께 실행할 수 있었죠. 사무실을 사용할 수 없는 주말에는 집에서 영상을 찍었고요. 이렇게 장소를 구분할 필요 없도록 환경을 관리한 덕분에 영상을 올리는 습관이 훨씬 쉬워졌습니다.

습관을 지속하기 위해서는 무조건 실행하기 쉬워야 하는 것이 첫 번째 원칙입니다. 앞서 소개한 환경 설계는 우리의 한정된 의지력을 아끼는 방법이고요. 요즘은 IT기기를 활용해 습관 공부를 해나가는 사람들도 많습니다. 어플리케이션을 활용해 러닝머신을 뛰는 회원들뿐만 아니라 영국남자 등의 유명 유튜브 영어 채널을 구독하고 매일 영상을 하나씩 보면서 공부를 하는 분들도 있습니다. 영상에서 인상 깊은 영어 문장을 외우면서 공부를 하는 것이죠.

독서 모임 '한쪽만'의 회원들은 온라인 서점에서 제공하는 월정액으로 전자책을 무제한으로 읽을 수 있는 서비스를 신청해 습관 환경 설계를 하기도 합니다. 평소라면 인터넷 서핑을 하며 지나갔을 출퇴근시간에 어플리케이션 속 책을 읽으면서 독서량이 비약적으로 증가했습니다. 이 회원들은 가방에 책을 한 권 넣고 다니면서 읽다가, 책을 펴기 어려울 때는 어플리케이션을 활용함으로써 상황에 맞는 적절한 독서를 하고 있습니다.

효과적인 환경 설계는 업무에서도 활용할 수 있습니다. 한 회원은 업무상 다양한 회의에 참여해야 했는데, 연차가 적어 주로 회의록을 정리하는 업무를 담당하고 있었습니다. 기존에는 업무일지를 가져가서 회의에서 들은 내용을 수기로 기록하고, 자신의 자리로 돌아와서 워드 파일로 회의록을 정리해서 팀원들과 공유하는 방법을 사용했습니다.

문제는 회의록 작성에 시간이 많이 걸리고, 회의 내용을 정확히 반영하지 못해서 곤욕을 치르는 경우가 생기는 것이었습니다. 고민한 끝에 스마트폰을 거치할 수 있는 접이식 블루투스 키보드를 구입하고 녹음기 어플리케이션을 설치했습니다. IT기기를 활용해 환경을 변화시킨 것이죠.

이제는 회의에 들어갈 때마다 키보드를 놓고 스마트폰의 노트 어플리케이션과 녹음기 어플리케이션을 실행하는 것으로 회의 준비를 끝냅니다. 회의가 진행되면 키보드로 타자를 치면서 빠르게 내용을 정리하고, 녹음기 어플리케이션으로 회의 내용을 녹음합니다. 회의가 끝나면

습관은 무조건 실행하기 쉬운 걸로!

03 습관 디자인 3단계: 습관 시작하고 유지하기

키보드로 기록한 내용을 정리해서 손쉽게 회의록을 완성합니다. 애매한 내용들은 녹음기 어플리케이션에서 그 부분만 확인해서 복기하면서 정교하게 회의록을 완성합니다.

이렇게 키보드와 어플리케이션으로 업무 습관을 바꾼 이후로는 예전보다 업무를 처리하는 속도와 완성도가 향상되어 좋은 평가를 듣고 있습니다. IT기기들을 활용한 환경 설계가 생산성 향상과 직접 연결이 된다는 사실을 경험한 것이죠.

그 후로는 본인의 자리에 듀얼 모니터를 설치하고 무선 마우스와 키보드, 통화를 위한 블루투스 이어폰 등 다양한 IT기기들을 추가했습니다. 이제는 다른 팀에서 IT기기에 대한 문의를 할 정도로 기기에 능통한 사람이 되어 회사생활에 몰입하고 있답니다.

우리는 보다 작은 의지로 지속적으로 습관을 실행할 수 있는 방법을 적극적으로 모색해야 합니다. 습관을 지속하는 것만큼 습관을 지속하기 위한 환경을 설계하는 것에 집중해야 한다는 의미입니다. 습관을 지속하기 위해 필요한 환경요소들을 발견하고 관리할 수 있다면 우리의 습관 공부는 좀 더 효과적으로 진행될 수 있을 것입니다.

──• 함께할 수 있는 커뮤니티를 구성하라

습관 공부는 끝이 보이지 않는 긴 터널을 걷는 것과 같습니다. 새로운 습관이 어느 정도의 성취 수준에 도달했는지, 도대체 얼마나 더 습관 공부를 해야 할지 파악하기 쉽지 않죠. 이 험한 길을 혼자 걷는다면 금세 지쳐 포기하게 됩니다.

습관을 공부하는 우리에게 동료가 필요한 이유가 여기에 있습니다. 아무리 쉬운 과제를 설정하고 최적의 습관 실행 환경을 설계한다고 해도 혼자서는 의지를 다지기 어려웠던 경험은 모두 가지고 있을 것입니다.

무슨 일이든 혼자서는 하기 힘든 이유는 아마 '외로움'일 것입니다. 습관을 공부하는 과정에서 겪게 되는 어려움을 온전히 홀로 받아들여야 한다면, 그것을 극복할 원동력을 얻기 어렵습니다. 하지만 함께 고민하고 공감해줄 동료가 옆에 있다면 우리의 의지를 다지는 좋은 촉매가 됩니다. 피드백뿐만 아니라 내가 지금 겪고 있는 어려움이 나만의 것이 아니라는 '공감'과 동료의 성장을 지켜보며 '자극'을 받을 수 있기 때문이죠.

처음 '5분만'을 시작한 회원들은 이런 모임이 존재한다는 사실 자체에 놀라움을 보였습니다. 사실 자기계발 모임은 대부분 독서 모임이 많은

5분만 홈페이지

데, 습관이라는 독특한 주제로 사람들이 모인다는 사실에 놀랐던 것이죠. 회원들은 함께하는 느낌을 이렇게 표현했습니다.

- '0을 1로 만들자.' 이 마음이 없었다면 태어나지도 못했을 거예요. 5분만은 일종의 선순환 구도로 돌아갑니다. 어쨌거나 마인드를 세팅해도, 함께하지 못했다면 원활하게 돌아가기 힘들죠. 어떻게든 시작하게 만들어주고, 그 이후에도 함께하는 사람들을 통해 관리를 받으니 도움이 될 수밖에 없었던 것 같아요.

- 뭔가를 바꿔나가고 있다! 어제보다는 오늘의 내가 낫고, 오늘의 나보다는 내일의 내가 좀 더 나을 것 같다는 확신을 주는 게 5분만의 매력입니다. 저 스스로도 그 변화를 느낄 수 있지만, 함께하는 사람들이 나를 지지해준다는 믿음을 인위적으로 만들기 쉽지 않은데, 5분만에서는 그게 가능했어요. 친구와는 조금 다른 개념 같습니다.

- 굳이 단톡방에 들어오는 것도, 다른 사람들의 지지와 관심, 피드백이 필요하기 때문이 아닐까요? 이 본질적인 의도를 만족시켜주기 때문에 5분만이 유지되는 것 같습니다. 혼자는 안 되니까.
  내가 해이해졌을 때 함께하는 사람들이 열심히 하는 것을 보면 나아질 수 있다는 희망이 생겨요. 지지해주는 사람들의 존재는 생각보다 훨씬 중요하고, 필수적입니다.

이처럼 서로의 경험을 공유하며 피드백을 줄 수 있는 동료의 존재는 습관 공부에서 반드시 필요합니다. 하지만 직접적인 만남을 부담스러워하는 사람도 많습니다. 이때 온라인 커뮤니티가 대안이 될 수 있습니다. 온라인 커뮤니티는 다른 공간, 다른 시간대에도 경험과 피드백을 공유할 수 있다는 장점도 있고요. 실제로 '5분만'에는 미국과 독일 등 해외에서 참여하는 사람들도 있습니다.

핵심은 습관 공부 커뮤니티를 통해 다른 사람과 함께한다면 습관 형성에 대한 책임을 스스로 더 강하게 가질 수 있다는 것입니다. 서울대학교 습관 디자인 프로젝트 '5분만'에서도 오프라인 모임뿐만 아니라 온라인 모임도 적극적으로 활용해 회원들의 습관 공부를 응원하며 발전하고 있답니다.

─● 5분만 살펴보기

지금부터 습관 커뮤니티를 개설하고 싶은 사람들을 위해 '5분만'이 어떻게 구성되었고 어떤 방식으로 습관 공부를 진행하는지 소개하겠습니다.

'5분만'은 현재 1개월마다 시즌제로 운영하고 있으며, 운영 프로세스와 세부 활동은 다음과 같습니다.

1단계: 신규 인원 참여 및 인원 조정

'5분만'은 매월 마지막 주 월요일에 서울대학교 커뮤니티 스누라이프를 통해 프로젝트 참가자들을 모집합니다. 새롭게 참여하는 회원들은 '내꺼하나', '먹은거', '한쪽만', '하나씩' 중 하나의 세부 모임을 선택해 메신저를 통해 지원할 수 있습니다.

신규 회원 모집과 동시에 기존 회원들에 대한 평가도 진행됩니다. 거창한 기준이 있는 것은 아니고, 10회 이상 인증, 월말 시즌리포트 제출이 전부입니다. 참가자들이 납득할 수 있는 정도의 느슨한 기준을 통해 최소한의 긴장감만 유지하는 것이죠.

	1단계	2단계	3단계	4단계	5단계
시기	전달 마지막 주 (0주차)	1주차	2~3주차	4주차	5주차 (매월 마지막 전날까지)
주요 활동	신규 참가자 입장 /인원 조정	목표 설정	매일 인증	설문조사	시즌리포트
주요 활동					
기타 활동	스누라이프 회원모집 신청 시작	목표 수립 및 수정	습관 활동 공유 (회원)	모임 설문조사 실시 (현황 파악 및 개선 의견)	시즌리포트 작성 (사실, 성찰, 계획)
기타 활동	대기실 입장 및 참여설문지 작성	최종 참가자 명단 확정	인증 현황 공유 (방장)	운영진 지원자 모집	활동 유지 조건 확인
기타 활동	필수 유튜브 영상 시청	활동 유지 기준 공유 (월 10회 인증 + 시즌리포트 작성)			
기타 활동	신규 참가자 입장 및 명단 정리(운영진)	모임별 방장 확정 및 상견례			
기타 활동	전체 공지 모임방 입장				

* 비정기 활동 : 습관 관련 유튜브 영상/기사/문구 공유, 긴급 공지사항 공유

5분만 습관 공부 프로세스와 시즌 전체 흐름표

2단계: 목표 설정

참가자가 확정된 후 각 참가자들은 습관 목표를 기록합니다. 목표 설정은 일정한 기준을 바탕으로 하는데, 지키기 어려울 것 같은 목표를 설정한 회원에게는 서로 머리를 맞대고 상상력을 발휘해 처음에 설정한 습관 목표에서 크게 벗어나지 않는 선에서 쉽고 간단하게 수정하기도 합니다.

대부분 의지를 내서 참여한 만큼, 첫 달에 의욕적으로 목표를 수립합니다. 그러다가 현실적인 문제에 부딪치면 다른 사람들의 조언을 반영해 두 달째에 목표를 하향해서 조정하는 경우가 많습니다.

3단계: 매일 인증

참가자들은 누적숫자를 붙여 각자의 습관을 다음 페이지의 카톡 화면처럼 매일 인증합니다. 각 모임별 운영진은 회원들의 습관 현황을 표로 정리해 회원들과 공유하고요.

참가자들은 자신의 습관 현황이 정확한 데이터로 기록되기 때문에 동기부여가 되고, 매일 어려운 상황에서도 작은 습관을 실천하고 있는 동료를 보고 자극을 얻기도 합니다. 실제로 한 참가자는 비어있는 칸을 볼 때마다 거짓으로라도 채우고 싶었다고 고백하기도 했습니다. 인증

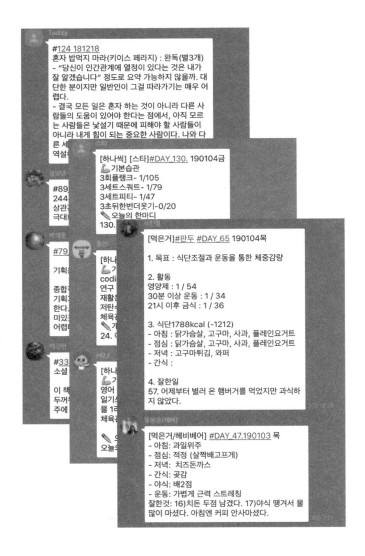

#124 181218
혼자 밥먹지 마라(키이스 페라지) : 완독(별3개)
- "당신이 인간관계에 열정이 있다는 것은 내가 잘 알겠습니다" 정도로 요약 가능하지 않을까. 대단한 분이지만 일반인이 그걸 따라가기는 매우 어렵다.
- 결국 모든 일은 혼자 하는 것이 아니라 다른 사람들의 도움이 있어야 한다는 점에서, 아직 모르는 사람들은 낯설기 때문에 피해야 할 사람들이 아니라 내게 힘이 되는 중요한 사람이다. 나와 다른 세...
역설...

#89...
244
상관...
극대...

[하나씩] [스타]#DAY_130. 190104금
✊기본습관
3회플랭크- 1/105
3세트스쿼트- 1/79
3세트피티- 1/47
3초뒤한번더웃기-0/20
✏️오늘의 한마디
130.

#79...
기획...
종합...
기획...
한다...
미...
어렵...

[하나...
✊기...
codi...
연구...
재활...
저탄...
체육...
✏️기...
24. ...

[먹은거]#판두 #DAY_65 190104목

1. 목표 : 식단조절과 운동을 통한 체중감량

2. 활동
영양제 : 1 / 54
30분 이상 운동 : 1 / 34
21시 이후 금식 : 1 / 36

3. 식단1788kcal (-1212)
- 아침 : 닭가슴살, 고구마, 사과, 플레인요거트
- 점심 : 닭가슴살, 고구마, 사과, 플레인요거트
- 저녁 : 고구마튀김, 와퍼
- 간식 :

4. 잘한일
57. 어제부터 별러 온 햄버거를 먹었지만 과식하지 않았다.

#33...
소설...

이 책...
두꺼...
주에...

[하나...
✊기...
영어...
일기...
물 1리...
체육...

✏️...
오늘의...

[먹은거/헤비베어] #DAY_47.190103 목
- 아침: 과일위주
- 점심: 적정 (살짝배고프게)
- 저녁: 치즈돈까스
- 간식: 곶감
- 야식: 배2점
- 운동: 가볍게 근력 스트레칭
잘한것: 16)치돈 두점 남겼다. 17)야식 땡겨서 물 많이 마셨다. 아침엔 커피 안사마셨다.

5분만 회원들의 인증

결과를 단순히 시각적으로 확인할 수 있도록 했을 뿐인데 자극이 되었던 것이죠.

매일 인증을 할 때는 누적숫자와 실행숫자를 함께 기록하는 게 좋습니다. 노력이 쌓여가는 것을 시각적으로 확인할 수 있기 때문입니다. 예를 들어, 하루 스쿼트 100개가 목표이고 3일간 100개, 100개, 50개의 스쿼트를 했다면 1일차 100/100, 2일차 100/200, 3일차 50/250으로 기록하는 거죠. 이렇게 누적숫자를 눈으로 확인하는 것만으로도 자신의 노력과 성취에 대한 보상이 됩니다.

'한쪽만'에서는 그날 자신이 읽은 책의 제목과 쪽수, 느꼈던 내용을 공유하는데, 함께하는 회원들의 코멘트를 보면서 다른 사람들은 어떤 책을 읽고, 무엇을 느꼈는지 구경하는 재미가 있다고 하네요. '하나씩' 회원들은 다른 사람들이 쓴 일지를 보며 자연스럽게 자신에게 적용할 수 있는 새로운 관점들을 배울 수 있었다고 합니다. 다만 사생활 노출의 위험 때문에 '하나씩'은 익명 운영을 원칙으로 하고 있습니다.

참고로 자신의 습관 활동을 기록할 때 스마트폰의 메모장처럼 여러 대의 디바이스에서 동기화가 되는 메모 프로그램을 활용하면 좋습니다.

이렇게 자료를 한곳에 하나의 형식으로 보관해두면 포트폴리오를 작성할 때도 훌륭한 데이터가 되어줍니다.

4단계: 설문조사

매일 인증 현황을 참가자들이 스스로 평가하는 것처럼 커뮤니티 자체도 평가할 필요가 있습니다. '5분만'에서는 커뮤니티 평가를 위해 매월 15일 전후에 정기 설문조사를 진행하고, 구성원과 운영진 모두가 자극을 받을 수 있는 의견을 수렴합니다.

설문은 모임 운영 만족도와 본인의 실제 성취도를 묻는 문항으로 구성됩니다. 이를 통해 참가자 자신의 실제 성과를 확인할 수 있습니다. 모임의 장점과 개선점을 묻는 문항을 통해 얻어진 참가자들의 의견은 모임의 현황 파악뿐만 아니라 성장의 밑거름이 되어줍니다. 실제로 설문조사를 통해 모임의 이름이나 적정 인원수를 조정하기도 했고, 누적된 결과를 바탕으로 모임별 세부 원칙도 세울 수 있었죠.

　각 모임의 기본 원칙은 동일했지만 세부적으로 참가자들이 원하는 것은 차이가 있었기에 이를 조금씩 조정해가면서 모임의 최종적인 틀을 완성할 수 있었습니다.

책을 좋아하는 사람들은 다른 사람이 어떤 책을 읽고 있는지 많이 궁금해하는 것 같습니다. '한쪽만' 회원들의 설문조사를 살펴보면 다른 사람들은 어떤 책을 읽는지 알고 싶다는 의견이 많더라고요. 그래서 독서 목록을 공유할 수 있는 페이지를 별도로 개설했습니다.

이처럼 정기적인 설문조사는 참가자 자신의 습관 진행 현황을 점검할 수 있을 뿐만 아니라 모임의 발전 방향을 모색할 수 있는 좋은 기회가 됩니다. 함께하고 있다는 공동체 의식을 느끼는 것은 덤일 테고요.

5단계: 시즌리포트

습관 형성에 대한 평가 및 성찰 설계는 크게 두 부분으로 나눌 수 있습니다. 하나는 하루하루 습관을 실천하는 과정에 대한 평가와 성찰이고, 다른 하나는 전체적인 습관 형성 결과에 대한 평가와 성찰입니다. 일종의 수행평가와 결과평가라고 할 수 있죠. 앞서 4단계의 매일 인증은 수행평가이고 5단계인 시즌리포트는 결과평가라고 보시면 됩니다.

'5분만'에서는 한 시즌이 종료되면 그동안 진행된 자신의 습관 노력을 돌이켜보는 시간을 갖습니다. 시즌리포트 작성은 지속적인 성찰의 기회를 제공함으로써 자신의 현재 위치를 파악하고 이를 개선하기 위한 앞으로의 계획을 수립하는 마무리 단계입니다. 또한 '5분만' 참가 자격을 유지하기 위해 거쳐야 하는 필수 단계이기도 합니다.

시즌리포트의 핵심은 본인이 직접 '나는 좋아지고 있다'는 사실을 기록하는 것입니다. 사실 성공을 경험한 사람일수록 자신의 모든 기준에 엄격해집니다. 그렇기 때문에 점점 더 스스로를 인정하기 어려워지고 자존감은 약화됩니다. 하지만 리포트를 작성하면 스스로 노력했다는 사실을 눈으로 확인하고 판단할 수 있기 때문에 자존감을 강화할 수 있죠. 기록이 이렇게 힘이 셉니다.

— 5분만 Tip —

심리학자 안데르스 에릭슨은 《1만 시간의 재발견》에서 전문성을 향상하기 위해서는 '의도된 연습'이 필요하다고 주장했습니다. 자신의 행동을 면밀히 관찰하고 교정하면서 더 나은 효과를 위해 끊임없이 연습해야 한다는 것이죠. 이처럼 '의도'를 가지고 성찰하지 않으면 실제 성과를 개선할 수 없습니다.

읽을 거리 : 시즌리포트 작성 단계

'5분만'에서는 시즌리포트 작성 역시 간소화했습니다. 분석이 길어지면 좀 더 정교한 결론을 얻을 수도 있겠지만, 우리의 목적은 습관을 정착시키는 것입니다. 조금씩 발전하면 됩니다. 습관 모임 참가자들에게 부담이 되지 않도록 처음에는 각 항목당 한 줄씩만 시즌리포트를 작성할 것을 권장합니다.

시즌리포트를 작성할 때는 지금까지 쌓아놓은 데이터를 검토한 후 사실, 성찰, 계획 3개 항목을 작성하고 공유하는 것을 목표로 합니다.

1단계: 사실

한 달 동안 습관을 몇 회 실행했고 성과는 어떠했는지 결과를 정리합니다. 예를 들어, 독서 모임 참가자라면 인증 횟수와 한 달간 읽은 책의 목록을, 운동 모임 참가자라면 어떤 운동을 몇 회 실행했는지를 숫자로 기록하는 것이죠. 이처럼 습관 활동을 명확하게 숫자로 기록하면 자신의 노력 과정을 정직하게 평가할 수 있습니다.

2단계: 성찰

자신의 습관 활동을 돌아보고 느낀 점을 기록하는 단계입니다. 성찰리포트는 습관 활동에 대한 일종의 감상이라고 생각하면 쉽게 이해할수 있습니다. 성찰 리포트를 작성해보면 습관을 디자인할 때 부족했던부분이나 잘못 내렸던 선택에 대해 다시 한 번 생각할 수 있습니다.

3단계: 다음 시즌 계획 수립

자료를 바탕으로 사실과 성찰을 작성한 후에는 다음 시즌 계획을 수립합니다. 앞서 두 단계는 새로운 습관 계획을 위한 준비 단계라고 볼 수있습니다. 성취 수준을 너무 높게 잡은 바람에 실패한 사람도 있을 것이고, 성취 수준을 뛰어넘어 더 높은 수준에 도달한 사람도 있을 것입니다. 자신의 성취가 목표의 문제인지 노력의 문제인지 분석한 후 이를 바탕으로 새롭게 목표와 방법을 다시 정해야 합니다. '5분만'의 회원들은 시즌마다 핵심 목표 한두 개를 추가합니다.

넘어진 김에 쉬어도 괜찮아

국가직 공무원으로 일하고 있는 이수지 회원은 2년째 습관 모임에 참여하고 있습니다. 첫 오프라인 모임이 진행될 때부터 '5분만'과 함께했고, 2개월 간 세부 모임의 운영진으로도 활동했던 이수지 회원은 지금도 스트레칭 틈틈이 하기, 매일매일 그날을 기억할 수 있는 키워드를 달력에 기록하기, 업무상 할 일 미루지 않기, 매일 가계부 쓰기 습관을 유지하고 있습니다.

순탄할 것만 같았던 그녀의 습관 공부에도 어김없이 위기는 찾아왔습니다. 그렇게 어렵게 0에서 1의 상태를 만들고 숫자를 쌓아가고 있었는데, 다시 0의 상태로 되돌아가는 것은 어떻게 손 쓸 세도 없는 순식간이었습니다. 하지만 함께하는 사람들의 따뜻한 격려와 그때 오히려 한 박자 쉬어갈 수 있는 여유를 가진 덕분에 제자리로 돌아올 수 있었다고 하네요.

위기는 반드시 찾아옵니다. 하지만 우리는 위기를 반드시 극복해낼 수 있습니다. 그 방법은 제각각이겠지만요. 이수지 회원과의 인터뷰를 통해 그 힌트를 찾을 수 있기를 바랍니다.

Q 습관 모임 '5분만'에 참여하게 된 계기가 무엇인가요?

A 평소에도 자기계발에 관심이 많았습니다. 학습 방법이나 습관 형성 등에 관한 정보도 많이 찾아보는 편이고요. '5분만'의 운영자인 작가님이 스누라이프에 올린 글을 보자마자 바로 신청했어요. 2017년 그렇게 인연이 닿았고, 습관 모임이 처음 개설되었을 때부터 함께 시작할 수 있었습니다.

Q 습관 모임에 참여하면서 어떤 점이 도움이 되었나요?

A 첫 번째로 습관 모임 덕분에 습관에는 연속성이 있어야 한다는 고정관념을 깰 수 있었고, 부담감을 내려놓을 수 있었어요. 지금은 넘어져도 다시 일어나 가던 길을 걸어갈 힘도 생겼습니다. 저는 습관을 만들려고 할 때 항상 대단하고 거창한 습관을 만들려고 했어요. 영어 단어 100개 외우기, 하루에 1,500칼로리만 먹기처럼요. 하지만 단 한 번도 성공한 적이 없었습니다.

습관 모임에 참여하면서 가장 많이 들었던 조언은 '최대한 작고 사소하게' 시작하라는 말이었습니다. 또 퍼센트가 아니라 누적숫자로 습관을 관리하는 방식도 좋았어요. '가다 넘어지면 잠시 쉬었다가 다시 가면 된다.' 이 마인드가 정말 큰 도움이 되었습니다.

미미한 습관을 드문드문 하더라도 쌓이면 반드시 큰 변화를 만듭니다. 습관 공부로 생각해본 적은 없지만, 제가 재즈댄스를 좋아해서 원데이 클래스를 가끔 들었는데요. 그것마저 꾸준하게 배운 게 아니라 그냥 생각날 때마다 들었거든요. 그렇게 몇 년을 듣다 보니 지금은 어디서 수업을 들어도 곧잘 할 수 있게 되었답니다.

삶을 어떻게 행복으로 채울 수 있는지도 깨달을 수 있었어요. '하나씩'에서 오늘 좋았던 점, 감사한 일, 삶을 개선했던 점 등 긍정으로 가득한 메시지를 1~3개씩 기록으로 남겼습니다.

이런 사소한 긍정으로 삶을 채우는 것이 행복으로 가는 지름길인 것 같아요. 어릴 때는 단기적인 목표를 향해 달렸죠. 중학생 때는 고등학교 입시, 고등학생 때는 대학 입시, 대학생 때는 취업… 길어봤자 4년짜리잖아요. 게다가 최종관문에 도달했다고 생각했는데 웬걸, 60년 넘는 시간이 여전히 남아있죠. 다들 이 지점에서 방황하는 것 같아요. '나는 누구? 여긴 어디?' 저도 그랬고요. 그때 습관 모임을 만난 덕분에 '왜 살지?'라는 질문에 '일상을 긍정적인 작은 발견들로 가득 채우기 위해 살지!'라고 대답할 수 있게 되었습니다.

실제로 좋은 습관을 만든 덕분에 삶을 조금씩 바꿀 수 있었습니다. 습관 공부를 시작할 때부터 지금까지 완전히 습관으로 자리 잡은 미루지 않기, 스트레칭, 메모 외에도 조금씩 쌓이는 습관 덕분에 제가 걷는 길이 더 단단해지는 느낌입니다.

Q 습관을 공부하면서 가장 힘들었던 점은 무엇인가요?

A 운영진으로 활동하다가 잠시 내려놓은 적이 있어요. 좋은 습관들로 가장 최고의 상태에 달했던 시기였습니다. 제가 식이량을 잘 조절하지 못하는데, '먹은거'에 참여하면서 처음으로 제 의지대로 간식과 식사량을 조절할 수 있었고, 매일 스쿼트와 복근운동을 하면서 몸에 활기도 넘쳤습니다. 스스로도 이렇게까지 내가 부지런할 수 있다니 놀라기도 했고요. 출퇴근길에 책도 읽고, 하루에 영어 단어 수십 개씩 꾸준히 외웠습니다.

이런 습관 활동이 가능할 수 있었던 것은 그때의 제게 시간적으로 여유가 있었고, 체력도 뒷받침되었기 때문이었던 것 같아요. 하지만 습관을 지속할 수 없는 환경이 되자 지금까지 의욕적으로 쌓아올렸던 습관들이 와르르 무너졌습니다. '기껏 습관으로 만들었는데 이것밖에 안 되는구나'라는 생각이 들면서 자존감도 함께 무너졌죠.

Q 습관 공부를 포기할뻔한 위기를 어떻게 극복했나요?

A 좋은 습관 만들기는 너무 어렵지만, 없애는 것은 너무 쉬웠습니다. 그래도 저는 '5분만' 회원들의 지지와 응원 덕분에 다소 수월하게 극복할 수 있었어요. 열심히 활동하고 있는 다른 회원들에게 누를 끼치는 것 같아 모임을 그만둘 생각까지 했었는데, "잠시 쉬었다 가

요"라며 격려해줬던 작가님, 소속되어있던 방에 쭈글쭈글한 일상을 올려도 토닥여주던 회원들, 늦게라도 올리면 반갑게 맞이해줬던 방장… 함께하는 사람들이 있었기에 넘어지면 한 템포 쉬었다가 다시 일어날 용기를 얻었습니다.

Q 미래의 습관 모임 회원들에게 하고 싶은 말이 있나요?

A 먼저 무언가를 습관으로 만들기 위해서는 최대한 사소해야 한다고 전하고 싶어요. 제가 지금 하고 있는 습관 공부 중에 '간식이 생각나면 20분 뒤에 먹기'가 있어요. 다이어트를 위해서인데요. 다이어터라고 하기에는 너무 작은 목표지만, 작기 때문에 오히려 지속 가능한 것 같습니다.

그리고 습관은 '하지 않는다'는 부정문이 아니라 '한다'는 긍정문이어야 해요. 저는 미루지 않는 습관을 들이기 위해 하루에 딱 한 가지, 하기 싫고 당장 하지 않아도 되는 일을 '하는' 것을 목표로 삼았습니다. 이메일 읽었다고 회신하기, 공과금 내기, 책 반납하기처럼 귀찮은 일, 3분이면 처리할 수 있는 사소한 일들을 골라서 하루에 하나씩 해치웠습니다.

하기 싫은 일 한 가지 처리하기를 몇 달간 반복하자 하기 싫은 일을 마주해도 심리적 저항감이 줄어들었습니다. 삶에 큰 도움이 되지 않는 것처럼 보이겠지만, 이 습관이 쌓이자 나중에는 난이도가 높은 업무를 만나더라도 심리적으로 부담이 되지 않고 도전해볼 수 있는 용기가 생겼습니다.

뜨문뜨문 하더라도 몇 년간 그 끈을 놓지 않고 지속하면 결국에는 성과로 돌아올 것이라는 믿음도 가졌으면 좋겠어요. 제 경우 재즈 댄스를 너무 배우고 싶었는데 시간이 마땅치 않아서 원데이 클래스를 한두 번 듣거나 한두 달짜리 강습을 받고 몇 달 쉬고 하는 패턴이었어요. 5년 가까이 찔끔찔끔 해보니 처음 듣는 현대무용 수업도 곧잘 따라갈 수 있었습니다. 가랑비에 옷 젖는 줄 모른다고 하는데, 5년 동안이면 변하지 않으려야 않을 수가 없습니다.

마지막으로 하고 싶은 말은 '구질구질해도 괜찮아!' 넘어질 때도 있고, 멈춰 설 때도 있습니다. 그럼 어떤가요. 꼭 잘해야 하는 게 아니에요. 행복하기 위해서 습관을 공부하는 것입니다. 부족한 나, 어설픈 습관도 사랑으로 보듬었으면 좋겠어요.

04

습관 디자인 4단계: 습관 성찰하고 평가하기

"측정할 수 없으면 관리할 수 없고, 관리할 수 없으면 개선할 수 없다."
경영학의 아버지 피터 드러커의 명언이죠. 습관 공부에서도 이 말을 그대로 적용할 수 있습니다. 우리는 자존감을 강화하고 실제 업무에서 성과를 내기 위해 습관을 디자인하고 공부합니다. 그렇기 때문에 습관의 과정을 최대한 측정 가능하고 인증 가능한 형태로 남겨야 합니다.

── 결과물을 눈에 보이게 하라

습관의 과정을 어떻게 기록해야 할까요? 구체적인 방법은 사람마다 다를 수 있지만, 반드시 지향해야 할 원칙은 있습니다. '5분만'에서는 습관의 과정을 누적숫자로 관리하고, SNS에 인증 가능한 형태로 기록하고 있습니다.

누적숫자를 붙인다

습관은 반복적입니다. 그렇기 때문에 필연적으로 지루해지는 시점이 발생합니다. 발전의 속도가 느려지는 슬럼프 구간이 발생하기도 하죠. 이때 필요한 것이 자신의 노력에 대한 인정입니다. 자신의 노력을 스스로 인정하기 위해서는 과정을 누적숫자 형태로 관리해야 합니다. 습관 활동을 측정할 수 있는 형태로 전환하는 것이죠.

습관 공부를 하다 보면 변화를 실감하기 쉽지 않습니다. 운동 습관을 들이기 위해 자전거를 탔던 한 회원은 습관을 며칠 했다는 사실보다는 각각의 활동을 어떻게 했는지 누적숫자로 확인할 수 있던 점이 습관 공부를 지속하는 데 큰 도움이 되었다고 합니다.

기록 자체를 좋게 평가한 회원도 있었습니다.

● 습관 활동을 끝내고 기록하는 순간 그게 저에게 보상이 되었습니다. 책을 읽고 기록하기까지는 사실 의지가 하나 더 필요했거든요. 읽은 페이지가 얼마인지 기록하는 것 자체는 어렵지 않아서 금방 끝낼 수 있었고, 덕분에 습관을 조금 더 지속할 수 있는 힘이 되었던 것 같습니다.

방법은 습관 과정을 한눈에 파악할 수 있도록 그날 습관을 실행한 횟수를 누적숫자와 함께 기록하는 것입니다. 이때 다음 페이지의 그림처럼 날짜도 동시에 누적하는 것이 좋습니다.

습관 공부를 계속하다 보면 자신의 상태를 잃어버리기 쉽습니다. 이때 과정을 기록해두지 않으면 그동안 해왔던 습관 행동들이 순식간에 허사로 돌아갈 수 있습니다. 하지만 누적숫자를 기록해두면 만약 중간에 공백이 생기더라도 그동안 해왔던 성과를 눈으로 확인할 수 있기 때문에 쉽게 이어갈 수 있습니다.

0의 상태를 1로 만드는 것이 습관 공부에서 가장 어렵다는 사실을 기억해야 합니다. 습관 과정에서 공백이 생겼을 때 새로 시작하는 것이 쉬울까요 아니면 기존의 기록을 이어가는 것이 쉬울까요? 답은 이미 여러분도 알고 있을 것입니다.

누적숫자가 가지는 힘은 숫자의 '크기'가 클수록 강합니다. 실제로 실행 기간과 횟수가 누적된 수치를 보면 스스로에게 구체적인 성취감을 주죠. 예를 들어, 저는 지금까지 12개월 동안 4,224개의 턱걸이를 했습니다. 엄청난 숫자죠? 그런데 막상 계산해보면 하루에 열한 개를 한 꼴입니다.

[내꺼하나] #DAY_599. 190118 금
💪 기본습관
푸쉬업 - 50 / 16350
러닝 - 3 / 220 km
다리 찢기 연습하기 - 1 / 52
재활 복근운동 - 50 / 1615 개
가계부 쓰기 - 0 / 6 일
디지털 디톡스 - 0 분 / 710 분
물 마시기 - 1 / 392 PET
목표 2번 이상 이야기하기 - 1 / 167
약속 10분 전 도착하기 - 0 / 139
맞춤법 / 띄어쓰기 연습하기 - 0 / 71

[내꺼하나] #DAY_600. 190119 토
💪 기본습관
푸쉬업 - 50 / 16400
러닝 - 0 / 220 km
다리 찢기 연습하기 - 0 / 52
재활 복근운동 - 50 / 1665 개
가계부 쓰기 - 0 / 6 일
디지털 디톡스 - 0 분 / 710 분
물 마시기 - 1 / 393 PET
목표 2번 이상 이야기하기 - 1 / 168
약속 10분 전 도착하기 - 0 / 139
맞춤법 / 띄어쓰기 연습하기 - 0 / 71

오후 12:13

습관 실행 날짜와 횟수를 기록한 일지

04 습관 디자인 4단계: 습관 성찰하고 평가하기

다른 회원들도 저와 비슷한 경험을 공유하고 있었습니다.

💬 지금은 업무개선 팁을 누적해서 쓰고 있어요. 아직까지 서른몇 개밖에 쓰지 못했는데, 내 인생에 도움이 되는 팁이 30개는 생긴 것 같은 느낌입니다. 날짜 누적도 분명 성취감을 느끼는 데 도움이 되겠지만, 저에게는 활동별 누적숫자가 더 큰 의미가 있어요.

💬 습관 활동을 체크할 때 1을 쓰는 것과 0을 쓰는 것에는 엄청난 차이가 있습니다. 저는 아직 누적숫자가 그렇게 크지 않아요. 하루에 몇 쪽 읽고 공유할 때는 몰랐는데, 어느 날 인증 기록을 봤을 때 누적으로 400페이지를 읽었다는 사실을 확인하는 것만으로 기쁘더라고요.

이처럼 누적숫자를 기록해두면 자신이 쌓아온 노력을 확인함으로써 안정감과 작은 성취감을 누릴 수 있습니다. 여기에 주변 사람들의 응원과 긍정적인 피드백이 더해지면 힘든 구간을 이겨나갈 수 있을 것입니다.

인증 가능한 상태로 남긴다

'먹은거'에서는 식단을 찍은 사진과 관련 내용을 정리한 기록을 메신저를 통해 공유합니다. 사진이나 메모처럼 인증 가능한 형태로 기록을 남기는 이유는 무엇일까요? 우리는 보는 것에 대한 확고한 신념을 가지고 있기 때문입니다.

독서를 습관으로 한다고 생각해봅시다. '오늘 10분 독서를 했다'보다 '오늘 10페이지를 읽었고, 지금까지 400페이지를 읽었다'처럼 페이지를 눈으로 확인할 수 있을 때 성취감을 쉽게 느낄 수 있습니다.

작은 노력이라도 그것이 쌓이면 자신에게 큰 의미가 됩니다. 여러분도 자신의 노력의 결과를 시각적으로 표현해 눈으로 직접 확인해보세요. 강력한 동기가 저절로 생겨날 것입니다.

━━● SNS를 활용한 온라인 포트폴리오를 만들어라

자신의 전문성과 성향을 드러내는 데 가장 효과적인 도구는 바로 포트폴리오입니다. 자신의 성과를 보여주는 포트폴리오를 가지고 있다면 구직을 할 때도, 면접을 볼 때도 자신의 전문성을 확실하게 어필할 수 있죠.

특히 요즘처럼 개성을 강조하는 1인 미디어가 발달한 시대에는 자신을 어필하는 방법도 특별해야 합니다. 저는 인스타그램과 페이스북, 유튜브를 통해 포트폴리오를 관리하고 있습니다. '내꺼하나'와 '먹은거', '한쪽만', '하나씩'에서 실행한 매일의 기록들을 인스타그램에 올리고 페이스북과 연동시켜 지인들과 공유하고 있죠. 습관을 공부하며 얻은 지식과 개선일지, 주간 정리는 영상으로 촬영해 유튜브에 올리고 있습니다.

사람마다 다르겠지만, 자신의 일상을 SNS에 공유하는 것을 어려워하는 사람도 많습니다. 저 역시 이전까지는 페이스북에 글을 써본 적도 없었습니다. SNS를 습관 목표로 설정하고 지속적으로 온라인에 올리고 공유하자 사람들이 저를 친근하게 생각하기 시작했습니다. 이렇게 구축된 긍정적인 이미지는 생활과 업무 모두에서 큰 도움이 되고 있습니다.

SNS를 통해 자신의 습관 과정을 공유하면 어떤 효과가 있을까요?

① 습관이 공식적으로 인증된다

습관 공부를 혼자 할 때는 하나 안 하나 큰 차이를 느끼지 못합니다. 온전히 개인적인 일이기 때문에 습관을 실행하지 않아도 큰 죄책감도 생

SNS를 통한 습관 공유

04 습관 디자인 4단계: 습관 성찰하고 평가하기

기지 않죠. 죄책감이 생기더라도 그 죄책감이 오히려 동기를 깎아먹기도 합니다.

SNS를 통해 정기적으로 자신의 습관 과정을 공유하면 우리의 습관은 공식적인 행동이 됩니다. 다른 사람이 압력을 넣지 않아도 습관을 유지하는 동기가 지속되는 것이죠. 지인의 덧글이나 응원이 더해진다면 습관 활동에 예상치 못한 즐거움과 활력도 불어넣을 수 있습니다.

② 증명이 쉽다

SNS를 사용하기 전에는 플래너를 통해 습관을 기록했습니다. 자체적으로 습관 기록 양식을 개발할 정도로 큰 애정을 가졌는데, 금방 한계에 도달했습니다. 나의 성실함과 관심사를 알리기 위해서는 플래너를 직접 보여주는 수밖에 없었기 때문입니다. 포트폴리오 구성의 장점이 없었던 것이죠.

SNS를 습관 목표로 설정한 후 약 1,400개의 포스트를 올렸는데, 지금은 이 SNS가 저의 포트폴리오가 되고 있습니다. 주소를 공유하는 것만으로도 업무와 일상에서 저의 성실함과 관심사를 증명할 수 있었죠. 지속적인 습관 활동이 기록된 SNS를 본 주변 사람들은 저의 성실함과 꾸준함을 신뢰하기 시작했고, 업무상으로 만난 사람들에게도 저를 어필할 수 있었습니다.

SNS에 올리는 콘텐츠가 그렇게 특별한 것도 아닙니다. 이것도 습관 활동이기에 노력을 최소화하기 위해 최대한 간단하게 작성했죠. 매일 습관 내용을 복사해서 정해진 사진과 함께 올린 것이 전부였지만, 온라인에 꾸준히 기록한 덕분에 나의 가치를 쉽게 증명할 수 있었습니다.

매일 습관을 기록하는 것이 어렵다면 일주일에 한두 번 정해진 시간에 올리는 것으로도 충분합니다. 습관 공부가 정기적으로 이뤄지고 있다는 인상을 주는 것이죠.

'5분만' 유튜브 채널을 구독하는 사람들 중에는 단순히 습관 팁을 얻기 위해 영상을 보는 사람도 있겠지만, 대부분은 운영자가 말하는 대로 습관을 실행하고 있는지 궁금해하고 확인하려 합니다. 그래서인지 유튜브 링크를 타고 인스타그램에 방문했다는 사람이 정말 많았습니다.

각각의 SNS를 서로 연계해 꾸준히 습관을 기록한 덕분에 지인들뿐만 아니라 개인적으로 저를 전혀 알지 못하던 사람들도 저를 신뢰하기 시작했습니다. 만약 인스타그램에 저의 습관 포트폴리오를 매일 올리지 않았다면 유튜브 콘텐츠에 대한 신뢰뿐만 아니라 저에 대한 신뢰 또한 없었을 것입니다.

③ 인증 가능한 보상이 된다

습관 활성화 관점에서 보자면 보상은 결국 자신의 성취를 기억할 수 있는 단서로 활용됩니다. 성공의 경험을 최대한 오래 기억할 수 있는 형태로 보상한다면 더할 나위가 없겠죠. 습관 모임에서도 일정한 기준을 충족한 회원들에게 습관 행동을 100일 이상 지속할 때마다 그것을 기념하는 상장과 트로피를 선물함으로써 보상하고 있습니다. 200일이 되면 또다시 200일 기념 상장을 보냅니다.

사실 실용적인 측면에서 봤을 때 상장이나 트로피는 전혀 쓸모가 없습니다. 하지만 성공의 경험을 기록해두는 것 자체로 충분한 보상이 됩니다. SNS에 습관 활동을 기록하는 것도 이러한 측면에서 보면 보상이 되는 것이죠. 지금의 경험을 (SNS가 폐쇄되지 않는 이상) 영원히 기억될 수 있도록 저장하고 공유하는 것. 가장 최고의 보상이 아닐까요?

— 5분만 Tip

습관 디자인은 습관을 조금씩 조정하고 여러 번 시도하면서 작은 성공의 경험을 쌓아 성장하는 과정이라고 말했습니다. 열심히 노력한 덕분에 한 달 만에 새로운 습관을 형성했다고 하더라도 우리는 다음 습관 공부를 시작해야 하는 것이죠. 이처럼 목표를 조정하면서 시즌을 거치다 보면 우리가 원하는 습관이 저절로 일상에 녹아들 것입니다.

5분만 Q&A
작은 습관으로 매일 쌓는 변화

변화는 시속 몇 킬로미터의 속도로 진행될까요? 개개인마다 분명 차이는 있겠지만, 대부분의 경우 알아차리기 힘들 정도로 느리게 진행될 것입니다. 지금도 습관을 공부하고 있지만, 어제의 나와 오늘의 나는 그렇게 큰 차이를 보이지 않는 것처럼요. 하지만 한 달이 지난 뒤, 1년이 지난 뒤 우리가 남긴 기록을 살펴본다면, 어쩌면 진화에 가깝게 변화한 자신의 모습을 확인할 수 있습니다. 공대생으로 매일 과제에 시달리던 박미지 회원이 만화가를 꿈꾸게 된 것처럼요.

Q 왜 그림 그리는 것을 습관으로 정했나요?

A 어릴 때부터 만화로 나만의 이야기를 풀어내고 사람들에게 재미와 감동을 선사하고 싶은 꿈이 있었습니다. 학창 시절에는 집안 사정 상 미술 쪽 진로를 택하기 어려웠던 터라, 학교에서 수학책 한쪽에 낙서를 끄적이거나 자그마한 공책에 만화를 그려 친구들에게 보여 주는 정도가 전부였습니다. 봐주는 사람도 손가락으로 꼽을 정도로 적고, 구겨진 종이에 서툰 연필선으로 그린 만화일 뿐이었지만 너무나도 즐거운 기억으로 남아있었습니다.

수년간 정신없이 공부하고 연구하면서 어느 순간 잊고 있던 꿈이 다시금 떠올랐고 '그림을 더 잘 그리고 싶다'는 생각이 들기 시작했습니다. 전공도 직종도 예술과 무관하지만 계속 연습하면 프로 작가처럼 멋진 만화를 그릴 수 있지 않을까? 하는 단순한 생각에 하루에 한 장만 그리자는 막연한 목표를 가지고 꾸준히 그림을 그리기 시작했습니다.

Q 습관 모임 '5분만'에 참여하게 된 계기가 무엇인가요?

A 혼자서 약속하고 실행하다 보니 습관을 지속하는 데 어려움이 많았습니다. 오늘은 일이 늦게 끝났으니까, 내일은 친구들과 약속이 있으니까… 끊임없는 핑계와 유혹거리 속에서 연필을 잡지 않는 날이 잦았습니다. 새해 다짐마저 일주일 만에 사라져버리는 마당에, 하루 한 장이라는 목표는 오래가지 못했습니다. 그러던 중 우연히 학교 커뮤니티에서 습관 모임 모집 글을 보게 되었습니다. 그 후 매일 숫자를 올리고 연습 결과물을 함께 인증하다 보니 많은 변화가 있었습니다.

Q '5분만'에 참여하면서 어떤 점이 도움이 되었나요?

A 처음에는 일면식도 없는 사람들에게 그림을 보여주는 것이 어색했

지만 회원들의 반응과 응원이 매우 큰 힘이 되었습니다. 운동, 식이 조절 등 다양한 습관을 지켜나가는 다른 분들의 모습을 보는 것도 많은 영향을 주었습니다. 그 덕분인지 지난 수개월 동안 하루에 한 장 그리는 목표를 거의 매일 달성했고, 그 과정에서 근육과 뼈, 인체와 해부학에 대한 이해도가 대폭 늘었습니다.

그림 연습은 운동과 같아서 하루라도 건너뛰면 감을 잃기 쉽다는 것, 방법을 고민하기보다 일단 무엇이든 그리면 된다는 것 역시 깨달았습니다. 예를 들어, 사람을 자연스럽게 그리기 위해서는 주어진 사진을 빠른 시간 안에 따라 그리는 크로키를 무수히 반복해야합니다. 하지만 저는 더 나은 연습 방법이 있을 것이라는 생각이 들었고, 직접 손을 움직이기보다 더 나은 방식을 찾는 데 적지 않은 시간을 쏟았습니다.

습관 공부를 통해 마음을 다잡고 매일 크로키를 쌓아온 길을 되돌아보니 그저 하루에 한 장이라도 그리는 것이 훨씬 큰 도움이 된다는 사실을 깨달았습니다. 매일 그림을 그리지 못하면 그만큼 자신이 원하는 꿈에서 멀어집니다.

Q 그림 그리는 습관을 하면서 가장 크게 배운 점은 무엇인가요?

A 그림은 머릿속에 있는 것을 끄집어내 표현한다는 점에서 언어와 비

04 습관 디자인 4단계: 습관 성찰하고 평가하기

숫하다고 생각합니다. 자신이 원하는 모습을 빠르고 능숙하게 그려내기 위해서는 말을 하는 것처럼 무엇이든 계속 그려야 하고, 그 과정이 생활 속에 습관으로 자리 잡는 것이 중요합니다. 때문에 '그림을 그릴 시간이 없더라도 하루에 한 장은 그리자'는 목표를 세운 후에는 지하철이나 버스에서 앞사람의 바지 주름을 그리거나 친구의 얼굴을 종이에 옮기는 등 자투리 시간을 적극적으로 활용하고 있습니다.

마음에 드는 결과물은 블로그에 올리고 이웃들과 감상을 주고받곤합니다. 이전에 대중교통에서 그저 스마트폰이나 창밖을 보며 시간을 보내기만 했던 것을 생각하면 매우 큰 변화인 셈입니다.

평소 그림 그리는 과정을 보며 신기해하는 친구도 있었고, 주변 사람들에게 뜻밖의 응원을 받기도 했습니다. 이러한 행동의 변화는 그림을 그저 숨기기만 하던 제게 '무조건 많이 보여줘야 한다'는 깨달음을 주었습니다.

Q 습관 행동을 하면서 힘들 때는 어떻게 극복했나요?

A 그림 연습을 하다 결과물에 자신이 없어지는 때가 오기도 했습니다. 슬럼프에 부딪히면 계속 부정적인 생각이 들고 집중이 흐트러지며 심지어는 아무것도 없는 백지를 어떻게 채워나가야 할지 막막

함과 두려움을 느끼기도 합니다. 그럴 때는 고흐의 명언을 떠올렸습니다. "'너는 그림을 그릴 능력이 없어'라는 내면의 목소리가 들린다면, 그때는 반드시 그림을 그려라. 그러면 그 목소리는 잠잠해질 것이다." 결국 고흐 덕분에 그저 계속 그림을 그릴 수 있었던 것 같습니다.

그동안의 습관으로 쌓인 옛 그림들을 훑어보며 실력의 변화를 느껴보는 것도 좋은 해결 방법이었습니다. 당장 어제와 오늘의 그림은 큰 차이를 보이지 않지만, 한 달 전이나 1년 전 그림을 보면 확연한 차이를 느낄 수 있었습니다. 늦게 시작하기도 했고, 아직도 실력이 많이 부족하지만 '그래도 많이 나아졌구나'라며 자신을 다독이면서 다시 연필을 들 수 있었습니다.

하루하루 시간을 내어 뭐라도 그려서 남기는 것, 이렇게 남긴 그림을 다시금 되돌아보는 것이 선순환으로 작용해 다음날도 선을 그어나가는 원동력이 되었습니다.

Q 마지막으로 하고 싶은 이야기가 있으신가요?

A 그림 동아리에서 오래 봤던 선배들, 친구들에게 그림 실력이 많이 늘었다는 이야기를 들을 때마다 습관과 피드백의 중요성, 감사하는 마음을 느끼기도 합니다. 사람을 능숙하게 그려내기 위해서는 연습

한 종이 더미가 자신의 키만큼 쌓일 정도의 노력이 필요하다는 말이 있습니다. 저는 아직 그 높이가 무릎 정도밖에 쌓이지 않은 듯합니다. 여전히 인체해부학에 대해 배울 때마다 새롭고 어려운 점이 많으며, 그림에 어색한 부분이 적지 않습니다. 그 때문에 앞으로도 일상 속에서 크로키를 계속할 것이고, 인물화에 능숙해진 후에는 전공이나 대학원생활 등 다양한 경험을 각색한 만화를 그려내고 싶습니다.

습관으로 매일 쌓이는 종이 한 장 한 장이 만화가라는 꿈에 더욱 가까워지는 발판이라는 생각으로 더욱 열심히, 즐겁게 임하도록 노력할 것입니다. 꿈이 있지만 어떻게 이뤄야 할지 막막한 분들께, 하루에 하나씩 무엇이든 좋으니 작은 습관을 시작해보는 것을 추천합니다!

3부

습관을 느끼다

3부

습관을 느끼다

01

습관을 공부하는 사람들

습관 공부를 지속함으로써 얻을 수 있는 것에는 무엇이 있을까요? 습관 모임을 먼저 경험한 '5분만' 회원들의 목소리를 통해 하나씩 살펴보도록 하겠습니다.

── 변화를 느끼다

최명준 씨는 '5분만'에 참가하면서 10년간 평생 숙제처럼 안고 있었지만 한 번도 성공하지 못했던 턱걸이를 습관으로 정하고 한 달 만에 습관으로 정착시켰습니다. 헬스클럽에 가서 땀을 뻘뻘 흘리는 대신 방문틀에 풀업바를 설치하고 외출에서 돌아오면 씻기 전에 턱걸이를 하는 습관으로 시작했습니다. 최명준 씨의 말에 따르면 그렇게 큰 노력을 하지 않는데도 습관이 만들어지는 것이 신기했다고 하네요.

● 원래 운동을 잘 못하기도 하고, 워낙 팔힘도 약해서 철봉운동을 못할 거라고 생각했어요. 신기한 것은 내가 턱걸이를 하겠다고 엄청나게 큰 결심을 하지도 않았고 그냥 시간 날 때마다 조금씩 했을 뿐인데 어느 순간 팔힘이 확 늘어난 게 느껴지더라고요.

최명준 씨는 다른 사람들과 마찬가지로 지속적으로 습관 활동을 한다는 데 부담감을 가지고 있었습니다. 그래서 매달려있기부터 시작해서 조금씩 미션의 수준을 높여갔다고 합니다. 한 달 동안 습관을 지속하는 자신을 보고 약간의 의심도 사라졌다고 하네요.

현재는 턱걸이를 세 개 정도 할 수 있는 수준이 되었습니다. 운동을 원래 좋아하는 사람과 비교하면 아주 큰 변화는 아닐 수 있지만, 최명준 씨에게는 원래 잘하는 공부로 상을 받는 것보다 훨씬 소중한 변화였다고 합니다. 불가능하다고 생각했던 것을 이뤘기 때문입니다.

지금은 그 힘을 바탕으로 더 큰 도전에 나섰습니다. 턱걸이 습관을 가지고 싶었던 20대 초반에 시작했다면 지금보다 훨씬 효과적으로 습관 공부를 했을 것이라는 아쉬움도 들지만, 지금이라도 시작할 수 있어서 다행이라고 합니다.

예상한 것보다 빠른 변화에 놀라는 사람도 많습니다. 이수진 씨는 2018년

1월 1일부터 다이어트를 위해 실내 자전거를 시작했습니다. 야근이 많은 직장인이라 큰 욕심을 부리지 않고 하루 5분 이상 타는 것을 목표로 했습니다.

습관 공부를 시작하고 10개월 만에 누적 거리 2,000킬로미터를 달성했습니다. 1개월에 200킬로미터의 페이스를 10개월 동안 유지한 것이죠. 하지만 이수진 씨가 놀랐던 것은 1,000킬로미터, 2,000킬로미터라는 누적숫자가 아니었습니다. 그저 5분 투자했을 뿐인데 체중은 물론이고 체형까지 변화하는 게 가장 놀라웠다고 하네요. 평생 자신과 거리가 멀었던 운동이 습관이 되고 익숙해졌다는 것도 큰 변화였습니다.

지금은 기존 습관을 지속하며 직장에서 제공하는 스트레칭 수업도 일주일에 2회, 각 30분씩 참여하고 있습니다. 게다가 저널링 습관을 업무에 적용한 업무 개선일지도 쓰기 시작했습니다. 작은 습관으로 변화를 경험한 후 조금 더 큰 도전을 시작한 셈입니다.

● 하나의 습관에 성공한 후 조금씩 습관을 늘리며 변화를 경험하고 있습니다. 저는 할 수 없을 것이라고 생각했던 운동이 습관이 되니까, 아직까지 도전해보지 않았던 것에도 도전할 수 있겠다는 믿음이 생겼어요. 구멍이 뻥뻥 뚫려 있던 인생이었는데, 그 구멍을 메울 생각조차 하지 못했었는데, 이제는 그 구멍을 메울 수 있다는 생각이 드는 거죠. 구멍을 참을 수도 없고요.

저널링 습관을 3개월째 하고 있는 이수진 씨는 일상에서 긍정적인 부분을 찾는 것이 쉬워졌습니다. 어떤 날은 개선일지를 쓰기 위해 일부러 개선할 일을 찾는 경우도 있었다고 하네요. 평소라면 그냥 지나쳤을 쓰레기 버리기, 동료에게 칭찬과 격려의 한마디 하기 등 작은 활동에 집중하고 의미를 부여하면서 조금씩 자신의 생활을 의식적으로 변화시키고 있습니다. 현재는 저널링 습관 외에도 퇴근 후 스마트폰을 하는 대신 옷 정리를 하고 책 읽기를 시도하고 있습니다.

💬 5분이라는 시간이 의식적인 노력을 더 쉽게 만들어줬습니다. 예전에는 삶을 힘들게 쥐어짜내며 살았던 것 같은데, 이제는 짧게 끊어서 해도 괜찮다는 생각이 드니까 운동을 하든 논문을 읽든 확실히 노력하기 쉬워졌습니다.

─● 자존감을 느끼다

습관 공부의 가장 직접적인 효과는 바로 '자존감 강화'입니다. 《자존감의 여섯 기둥》의 저자이자 심리학자인 너세니얼 브랜든은 자존감이 자신이 새로운 일을 시도했을 때 잘할 수 있다는 '자기효능감'과 자신의 삶이 가치가 있다고 믿는 '자기존중' 이 두 가지 요소로 구성되어있다고 주장했습니다. 이 세상을 살아가는 이유를 스스로 만들어가는 과정이라는 것이죠.

습관 공부를 시작하고 작은 변화를 경험하면서 자존감이 점차 향상되었다는 사람들이 꾸준히 증가하고 있습니다. 제가 가르치고 있는 한 학생은 초등학생 때부터 숫자라면 영 자신이 없었습니다. 중학교 2학년이 되었을 때도 수학시간만 되면 도망가고 싶었다고 하네요.

상담을 하면서 숫자 공포를 없앨 습관을 만들기로 했습니다. 첫 번째 시도는 가장 쉬운 난이도의 수학 문제 열다섯 개씩 푸는 습관이었습니다. '쉬운 문제를 푸는 게 도움이 될까?'라는 걱정도 들었지만, 우리는 습관 공부를 시작했습니다.

초기에는 큰 변화를 느끼지 못했지만, 100일이 지나면서 빠르게 성과가 나기 시작했습니다. 실제로 수학 성적이 상승한 것이죠. 습관 공부가 수학에 대한 자기효능감을 향상시킨 것입니다.

습관 공부의 효과는 여기서 그치지 않았습니다. 자신감을 쌓아주기 위해 100일을 달성할 때마다 학생에게 트로피를 선물했는데, 이 학생은 무려 300일 기념 트로피까지 받았습니다. 게다가 수학뿐 아니라 다른 과목에서도 큰 발전을 보였습니다. 이 보상 덕분에 자존감을 느낄 수 있었다고 하네요.

이처럼 꾸준한 노력은 자신의 가치를 이해하며 자존감을 높이는 데 도움이 되었습니다. 매일 실패만 했던 자신이 무언가를 시도해서 실제로 성취했고, 그 성취가 자존감 강화로 이어진 것이죠.

'5분만' 회원들도 습관 공부를 통해 자존감이 강화되는 것을 느낄 수 있었다고 이야기했습니다. 회원들이 스스로를 분석했을 때 가장 많이 언급한 말이 바로 '자존감'이었습니다. 그동안 계속 실패했던 운동, 독서, 다이어트와 같은 목표를 하나씩 실현해가면서 자신의 능력을 믿게 되는 것이죠. 이 과정들은 모두 확실한 누적숫자로 남아있습니다. 확실한 근거가 있는 변화는 단순한 외적인 변화뿐 아니라 자존감을 함께 높여줍니다. 이것은 마법이 아닙니다.

누구라도 하루 5분씩 습관을 공부하면 변화로 인한 자존감 향상을 느낄 수 있습니다.

● 무엇보다 자신감이 많이 생겼습니다. 연구자로 살기로 결심했는데 꾸준히 읽고 쓰는 걸 못할 게 뭐가 있을까라는 생각이 들었죠. 자신감이 쌓였을 때, 나는 정말 내가 원하는 나에게 더 가까워졌을 거라는 생각도 들었고요.

● 바뀔 수 있다고 믿으니 신기하게도 실제로 바뀌어갔습니다. 이런 믿음이 인생의 모든 것을 개선할 수 있다고 생각해요. 삶에서 바꿀 게 이렇게 많다는 사실을 알게 되면 위축될 수도 있지만, 내가 지금까지 기록해온 습관의 발자국을 보면서 마음을 다잡을 수도 있고요. 지금은 그 기록들을 보지 않아도 스스로를 믿을 수 있게 되었죠.

● 스스로를 긍정적인 시선으로 바라볼 수 있었어요. 나름대로 열심히 살아왔다고 자평하지만 마음 깊은 곳에는 사실 스스로를 불성실하다고 생각했던 것 같았거든요. 습관 공부를 하고 있는 지금은 확실히 그런 게 많이 없어졌습니다. 어떤 것이든, 어떻게든 스스로 할 수 있다는 생각이 들어요.

—● 나를 느끼다

정체성은 자존감만큼 오늘의 우리에게 중요한 과업입니다. 정체성은 부모로부터 독립해 갖게 되는 자신만의 가치, 열정, 취향, 정치적 견해 등을 의미하는데, 최근에는 성인이 되어서도 정체성을 찾지 못한 사람들이 많습니다. 정체성을 갖지 못하면 중요한 의사결정을 할 때 부모님이나 주변 사람들의 의견에 따를 수밖에 없게 되죠.

습관 공부는 매일 이뤄지는 과정이기에 어떤 활동을 습관으로 선택할지 신중하게 고민해야 합니다. 습관을 신중하게 고민하다 보면 자연스럽게 자신에 대한 생각으로 이어지게 되죠. 이렇게 신중하게 결심을 해도 습관 공부를 지속하다 보면 예상과는 다른 방향으로 흐르기도 합니다. 처음 해보는 것이기에 자연스러운 현상입니다.

습관 활동을 미세하게 조정하면서 우리는 스스로의 성향과 상황을 판단할 수 있게 됩니다. 정체성을 회복하게 되는 것이죠. 어쩌면 '나한테 이런 면이 있었나?'라는 생각이 들 정도로 완전히 새로운 나를 만나게 될 수도 있습니다.

양수화 씨는 최근 5년 동안 제대로 독서를 해본 적이 없었습니다. 회사에서 매월 한 권씩 구입할 수 있는 비용을 지원해주기 때문에 신청은 하지만 끝까지 읽은 적이 거의 없었습니다. 그러다가 '내꺼하나' 모임에 참여하면서 운동 습관을 쌓았고, 조금씩 변화를 느끼다가 5개월이 지났을 때 독서 습관을 추가했습니다.

그 후 3개월이 지난 지금은 한 달에 두 권 이상의 독서를 하게 되었고, 회사에서 동료들과 함께 읽은 책에 대해 이야기를 하면서 큰 즐거움을 느끼고 있습니다. 그동안 몰랐던 독서라는 자신의 정체성을 갖게 된 것입니다.

나에게 이런 면이…?!

정다은 씨는 평생토록 운동을 꾸준히 해본 적이 없었습니다. 매번 헬스클럽에 회비만 내고 결석하기 일쑤였죠. 그러다가 '5분만'에 참여하면서 간단한 팔굽혀펴기와 스쿼트로 운동을 시작했습니다. 이제는 회식으로 일과가 늦게 끝나도 집에서 꼭 운동을 하고 잔다고 합니다. 심지어는 습관 행동을 하지 않고 잠들었다가 새벽 3시에 다시 일어나서 습관 행동을 하고 잔 적도 있다고 하네요. 그러면서 운동의 재미를 알게되었고, 조금씩 운동의 종류와 강도를 늘리고 있습니다.

조금 더 사소한 것이 계기가 되는 경우도 있습니다. 이 책을 완성하기위해 저는 꾸준하게 글을 써야 했는데, 역시나 쉬운 일이 아니었습니다. 글쓰기를 시작하고 나서야 대학원에서 논문 때문에 고생했던 경험이 생각났습니다. 원고를 쓰려고 컴퓨터를 켜놓고 2시간 넘게 유튜브를 보면서 시간을 때우기 일쑤였죠.

어느 날 제 사정을 아는 대학원 동기 친구가 기계식 키보드를 추천해줬습니다. '웬 기계식 키보드?'라고 생각하며 친구에게 들어보니 논문 작성으로 힘들 때 기계식 키보드의 요란한 타격감이 왠지 기분을 좋게 만들어줘서 큰 도움이 되었다고 하더군요.

지푸라기라도 잡는 심정으로 기계식 키보드를 사서 글을 써봤습니다. 키보드에 불도 들어오고, 또각또각 하는 소리에 정말 왠지 모를 흥

01 습관을 공부하는 사람들

겨움이 생겼습니다. 이런 소리와 불빛이 글쓰기 습관을 형성하는 데 도움을 준다는 것을 이때 처음 알았습니다. 덕분에 10개월 동안 기계식 키보드로 글 쓰는 습관을 지속했고, 마침내 무사히 원고를 끝낼 수 있었습니다.

'5분만'에 참여하는 대부분의 회원들은 처음에는 운동, 독서, 식단 등 비슷한 습관으로 시작하지만 시간이 지나면서 조금씩 자신의 스타일에 맞춰 습관들을 변경합니다. 같은 글쓰기라 하더라도 누구는 노트북 메모장에 기록을 하고, 누구는 종이에 정성을 들여 기록합니다. 긴장감을 유지하고 집중하기 위해 무조건 사무실이나 카페에서 습관 활동을 하고 집에 오는 사람이 있는 반면 편안한 복장으로 집에서 조용히 습관 활동을 하는 사람도 있습니다. 같은 활동을 하더라도 그 형태가 모두 다른 것이지요.

자신만의 스타일이 한 번에 정립되지는 않습니다. 1~2개월 동안 꾸준한 시행착오를 거쳐야 얻게 되는 나에 대한 소중한 정보입니다. 이 과정은 마치 모험을 하는 것과 비슷해서 내가 몰랐던 진짜 나를 발견하는 기쁨을 느낄 수 있습니다.

교육학에서는 성찰하는 능력을 '메타인지meta cognitive'의 핵심으로 보고 있습니다. 메타인지는 자신이 어떻게 생각하고 있는지에 대해 한 차원 높은 시각에서 관찰하고 통제하는 것을 말합니다. 메타인지 향상을 위한 가장 효과적인 방법이 바로 습관 공부입니다. 습관 공부를 통해 자신의 생활과 습관 활동을 관찰하고 성찰할 수 있기 때문이죠.

● 스스로 삶을 능동적으로 조정할 수 있게 되었습니다. 습관일지를 쓰면서 내가 오늘 무엇을 했는지 전체적으로 파악할 수 있게 되었고, 이를 통해 내가 주도적으로 삶을 조정하고 발전시킬 수 있다는 확신이 들었어요.

● 습관 공부의 핵심은 자아성찰이라고 생각합니다. 인간관계든 일상이든 내가 원하는 대로 조정할 수 있다고 믿어요. 내 선택에 영향을 미치는 것은 오직 나라는 신뢰가 생겼습니다.

● 습관 공부를 하면서 나에 대한 지식을 조금씩 쌓을 수 있었습니다. 모든 문제는 스스로를 어떻게 인식하느냐에 관련된 것이라고 생각해요. 습관 공부는 나를 알아가는 가장 작은 단위의 과제였고요.

이처럼 '내꺼하나'와 '하나씩'에서 습관을 기록하고 그에 대한 간단한 평가를 작성하면서 자연스럽게 성찰을 하게 됩니다. 직접적인 경험과 평

01 습관을 공부하는 사람들

가를 통해 자신의 성향을 파악하는 속도가 더 빨라지게 되면서 내가 생활하는 패턴과 성향을 정확히 이해하고, 점차 성공률이 높은 습관들을 더 만들어갑니다. 사람마다 속도는 다르지만, 시간이 지나면서 분명히 자신의 성향을 이해하는 능력이 향상됩니다.

승자 효과를 느끼다

승자 효과는 강화된 자존감과 정체성을 극대화하는 성장요인입니다. 자신의 일들이 어떻게든 되어가고 있다는 느낌을 받게 되는 것이죠. '하나씩'의 회원들은 매일 승자 효과를 누리고 있습니다. 개선일지 작성을 습관 목표로 하는 '하나씩'은 매일 자신을 칭찬할 거리를 찾아 기록함으로써 작은 승리를 누적하고 있습니다. '먹은거'에서도 식단을 기록할 때 최대한 긍정적인 느낌을 가질 수 있도록 잘된 식단 위주로 작성하고 있습니다.

자신의 습관 활동이 잘되고 있다는 느낌은 참 기분이 좋습니다. 그리고 성공하는 느낌을 조금 더 느끼고자 조금씩 습관을 추가하게 됩니다.

습관 모임에서 경험할 수 있는 대표적인 승자 효과 현상으로 회원들이

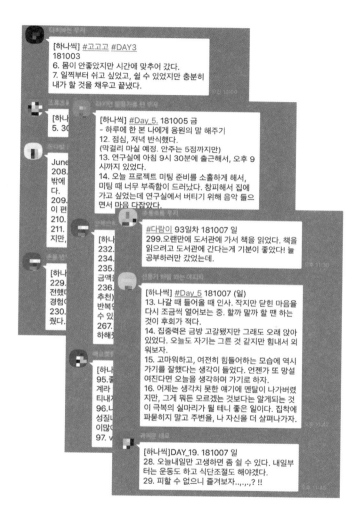

[하나씩] #고고고 #DAY3
181003
6. 몸이 안좋았지만 시간에 맞추어 갔다.
7. 일찍부터 쉬고 싶었고, 쉴 수 있었지만 충분히 내가 할 것을 채우고 끝냈다.

[하나씩] #Day_5. 181005 금
- 하루에 한 번 나에게 응원의 말 해주기
12. 점심, 저녁 반식했다.
(막걸리 마실 예정. 안주는 5점까지만)
13. 연구실에 아침 9시 30분에 출근해서, 오후 9시까지 있었다.
14. 오늘 프로젝트 미팅 준비를 소홀하게 해서, 미팅 때 너무 부족함이 드러났다. 창피해서 집에 가고 싶었는데 연구실에서 버티기 위해 음악 들으면서 마음 다잡았다.

#다람이 93일차 181007 일
299.오랜만에 도서관에 가서 책을 읽었다. 책을 읽으려고 도서관에 간다는게 기분이 좋았다! 늘 공부하러만 갔었는데.

[하나씩] #Day_5 181007 (일)
13. 나갈 때 들어올 때 인사. 작지만 닫힌 마음을 다시 조금씩 열어보는 중. 할까 말까 할 땐 하는 것이 후회가 적다.
14. 집중력은 금방 고갈됐지만 그래도 오래 앉아 있었다. 오늘도 자기는 그른 것 같지만 힘내서 외워보자.
15. 고마워하고, 여전히 힘들어하는 모습에 역시 가기를 잘했다는 생각이 들었다. 언젠가 또 망설여진다면 오늘을 생각하며 가기로 하자.
16. 어제는 생각치 못한 얘기에 멘탈이 나가버렸지만, 그게 뭐든 모르겠다는 것보다는 알게되는 것이 극복의 실마리가 될 테니 좋은 일이다. 집착에 파묻히지 말고 주변을, 나 자신을 더 살펴나가자.

[하나씩]DAY_19. 181007 일
28. 오늘내일만 고생하면 좀 쉴 수 있다. 내일부터는 운동도 하고 식단조절도 해야겠다.
29. 피할 수 없으니 즐겨보자..,.,? !!

매일 작은 승리의 경험을 공유하는 하나씩 회원들

01 습관을 공부하는 사람들

처음 시작한 습관 모임 외에 다른 모임도 추가하는 것을 들 수 있습니다. 수험생이었던 이희원 씨는 공부에 도움이 될 것 같다고 생각해 '하나씩'에 가입했습니다. 이희원 씨는 매일 두세 개씩 자신이 시도한 노력을 기록하고 자신의 생활을 성찰하면서 공부 습관을 개선할 수 있었고, 개선의 속도도 대단히 빨랐죠.

이희원 씨는 '하나씩' 활동을 시작한 지 2주 만에 마인드가 좋아졌고, 공부 습관도 잘 잡히는 것 같다고 밝혔습니다. 체중이 느는 것 같아 '먹은거'에도 참여하고 싶어 했습니다. 처음에는 모임 하나에 참여하는 것도 부담스러웠는데, 막상 시작해보니 다른 모임에 함께 도전해봐도 괜찮을 것 같다는 이유였죠. 이제는 컴퓨터 능력을 향상시키고자 매일 조금씩 컴퓨터 관련 서적을 읽고 배운 내용을 조금씩 연습하고 있습니다.

'내꺼하나'에서 활동하면서 식단 관리의 필요성을 느끼고 '먹은거' 모임을 시작하는 사람들도 있었고, '한쪽만'에서 활동하다 운동을 하기 위해 '내꺼하나'에 참여하는 경우도 많았습니다. 처음에는 한 가지 습관만으로도 벅찼는데, 하다 보니 여유가 생겨서 모임을 추가하고 있는 것이죠.

더 큰 마음을 내서 아예 한 모임의 운영진으로 참여하는 경우도 있

3부 습관을 느끼다

습니다. 현재 약 열두 개의 카톡방당 20여 명의 회원들이 활동하고 있는데 자신의 습관뿐만 아니라 다른 20명의 습관도 책임지겠다는 강력한 의지가 생긴 것이죠. 이들은 운영진으로 활동을 하면서 단순 참여자로서 느꼈던 것과는 전혀 다른 체험을 하고 있습니다.

조금 더 특이한 회원도 있습니다. 사민철 씨의 원래 직업은 프로그래머입니다. 사민철 씨는 생활을 개선하기 위해 '하나씩'에 들어왔는데, 다른 사람들과 마찬가지로 생활의 변화를 경험한 후 '먹은거'에도 참여하게 되었습니다.

사민철 씨는 매일 반복해서 습관을 관리하는 과정을 줄이기 위해 습관을 자동으로 기록하고 손쉽게 메신저 채팅방에 공유하는 프로그램을 직접 만들기 시작합니다. 그 프로그램을 사람들과 공유했고, 덕분에 다른 사람들은 조금 더 편하게 습관 공부를 지속하고 있습니다. 현재는 스마트폰에서 손쉽게 기록하고 저장할 수 있는 자동화 프로그램을 제작하고 있습니다.

재미있는 사실은 이렇게 습관 프로그램까지 제작하면서 관심을 가진 덕분에 2개월 동안 식단 관리로 7킬로그램 넘게 감량했다는 것입니다. 자신의 능력을 활용해 자신과 모임 전체에 도움이 되는 것이 큰 즐거움이라고 하니 고마울 따름입니다.

01 습관을 공부하는 사람들

이렇게 하나의 습관 공부에 성공하면 성장하는 재미가 있습니다. 그리고 그 성장은 또 다른 습관 공부로 확장됩니다. 물론 습관 개수를 늘리다가 나중에는 너무 부담이 되어 조금 줄이기도 하지만, 하나의 습관이 정착되면 대부분 자신의 적정 수준까지 습관을 확대하게 됩니다.

● 습관 하나를 안정적으로 유지해보니 거기에 또 다른 목표를 얹는 게 그렇게 힘들 것 같지 않았어요. 루틴 하나를 완성해봤으니 또 다른 루틴을 자연스럽게 붙일 수 있더라고요.

● 여백을 채우고 싶은 게 인간의 본능이잖아요. 습관을 공부하다 보니 욕심이 생겼어요. 하고 싶은 습관을 하다 보면 해야 하는 습관을 같이 하게 되더라고요. 쉬운 난이도의 습관과 어려운 난이도의 습관을 섞어서 공부해보기도 했고요.

미리부터 걱정할 필요 없습니다. 작은 것으로 시작해도 승자 효과에 의해 습관은 자신의 능력치까지 반드시 증가합니다.

포기할 수 없게 만드는 작은 습관의 힘

고등학교 선생님인 김유현 회원은 습관 공부를 통해 그동안 잊고 지냈던 삶의 원칙을 기억해낼 수 있었습니다. 아무리 쉬운 목표와 정도를 결정해도 중도에 습관 공부를 포기하는 사람이 많다고 했죠? 대부분의 사람들은 계획을 세우는 데 익숙했지만, 이런저런 핑계로 계획을 포기하는 데는 더 익숙했습니다.

포기의 위기가 오는 순간, 작은 습관은 어떻게 우리를 포기하지 않고 삶의 원칙을 지키도록 만들었을까요? 다음 인터뷰에서 그 팁을 얻을 수 있기를 바랍니다.

Q 습관 모임 '5분만'에 참여하면서 달라진 일상은 무엇인가요?

A "쌤~ 저 어제 자습도 친구 고민 들어주다가 날렸어요."

예전 같았으면 "아이구, 이를 어째. 친구 고민 적당히 들어주고 네 공부해!"하고 추상적인 조언을 했을 텐데, 요즘은 자연스럽게 "그래서 어제 수학 문제 20개 풀었어? 국어 지문 한 세트는?" 하고 습관 대화로 이어집니다. 지금 고등학교 교사로 일하고 있는데, 고민 상담하러 자주 찾아오는 학생과 매일 수학 문제 20개, 국어 한 세트를 풀고 영어단어 20개 외우기를 습관으로 만들기로 약속했기 때문입니다.

직접 습관을 배우고, 이를 체화하기 위해 노력하면서 학생들에게 하는 조언에도 습관이라는 말을 자주 넣게 됩니다. "공부도 습관이야. 매일 조금씩 하는 게 쌓여서 실력이 된단다." "벌점 받는 것도 습관이야. 기숙학교에서는 매일의 생활 리듬을 규칙적으로 가져가기만 해도 벌점 안 받는다."

Q '5분만'에 참여하게 된 계기가 무엇인가요?

A 습관 모임을 시작하게 된 것은 석사 졸업을 한 직후였습니다. 직장과 대학원을 병행할 때는 뭔가를 거시적으로 계획할 여유 없이 매일같이 '오늘 반드시 해야 하는' 일이나 공부에 쫓겨 지냈습니다. 그러다가 석사 졸업 후 삶이 갑자기 여유로워졌고, '나에게 남은 시간을 어떻게 써야할까?', '나는 어떤 목표를 향해 어떻게 노력하며 살아야 할까?' 같은 고민을 하게 되었습니다. 그저 조금 더 나은 내가 되고 싶다는 추상적인 마음을 가진 채 학교 커뮤니티에서 모집하는 '5분만'에 참여하게 되었습니다.

Q 습관 공부가 인생의 방향성을 찾는 데 어떤 도움이 되었나요?

3부 습관을 느끼다

A '도대체 어떤 습관을 골라서 지키겠다고 약속해야 할까?'를 고민하면서 생각이 닿았던 지점은 삶의 원칙을 세웠던 20대 중반의 시점이었습니다. 삶에서 위태했던 한 고비를 넘기면서 세 가지 원칙을 세웠고, 그것을 실천하면서 살기로 다짐했었습니다. 첫째는 몸과 마음의 건강을 지키는 것이었고, 둘째는 내가 선택한 분야에서 전문성을 가진 사람이 되는 것, 셋째는 주변 사람들에게 있을 때 잘하면서 사는 것이었습니다. 나에게 죽음이 닥쳐오는 순간 돌이켜 생각할 때 이 세 가지 원칙만 지키면서 살았다면 후회하지 않을 수 있겠다는 생각을 했었는데, 정작 일상을 헤쳐나가면서는 이러한 지향성을 잊곤 했습니다.

습관을 정하기 위해 고민하다가 잊고 있었던 '내가 지향하는 나'가 생각났고, 이를 떠올린 후에는 습관을 구체화하는 것이 훨씬 쉬워졌습니다. 첫째로 몸이 건강한 사람이 되겠다는 목표를 구체화해보니 식이와 운동으로 나눠졌습니다. 식이에서는 인스턴트식품과 술을 줄여야 하고 매일 물을 많이 마셔야 한다는 것을, 운동에서는 달리기와 같은 유산소운동, 집에서 간단하게 할 수 있는 스쿼트, 플랭크와 같은 근력운동을 해야겠다는 결론에 도달했죠.

'먹은거'에 참여하며 매일의 식단을 기록하기 시작했고, '내꺼하나'에서는 물 1리터 이상 마시기, 주 2회 러닝, 매일 스쿼트 50개, 플랭크 3세트를 습관으로 정했습니다. 마음이 건강한 사람이 되기 위해서는 어떤 습관을 해야 할지 고민했는데, 그저 습관을 통해 꾸준하게 조금씩 더 나은 나로 변화해가고 있다는 사실을 자각하는 것 자체가 마음 건강에 도움이 되는 것 같다는 생각이 들어 따로 정하지 않았습니다.

둘째로 내가 선택한 분야에서 전문성을 가진 사람이 되자는 삶의 원칙을 지키기 위해 매일 책을 조금씩 읽는 습관을 갖기로 정했습니다. 대학원에 있을 때는 매일 읽어야 하는 책들을 해치우는 것에 급급했는데, 앞으로는 평소에 읽고 싶었던 책을 매일 조금씩 읽어야겠다는 생각이 들었기 때문입니다.

매일 20페이지 이상 읽기로 습관을 정하고 나니 매일 밤 습관 카톡방에 습관을 인증하기 전에 잠깐이라도 책을 펼치게 되었습니다. 여전히 약속이 있거나 할 일이 많은 날에는 책을 읽지 못하지만, 조금씩 습관이 되어간다는 것에 만족하고 있습니다. 이 습관을 5년, 10년 계속한 후의 나를 상상할 때, 나는 분명 내 분야의 전문가에 가까워질 것이라는 확신이 들기 때문입니다.

Q 습관 공부를 하면서 느끼는 가장 큰 변화는 무엇인가요?

A 습관 모임을 시작하고 나서 몇 달이 흘렀지만, 삶이 획기적으로 달

라진 것은 아닙니다. 몇 달 만에 5~10킬로그램을 감량한 것도 아니고, 수십 권의 책을 읽지도 못했습니다. 나는 여전히 운동하는 것을 귀찮아하고, 물을 안 마셔도 불편함을 느끼지 못하고, 가까운 사람들과 갖는 술자리를 좋아하며, 귀찮음을 이기지 못하고 라면을 끓여먹을 때도 있습니다. 책 한 번 못 펴는 바쁜 주간을 보낼 때도 있고요.

그럼에도 내 삶에 일어난 획기적인 변화가 있다면, 이렇게 게으른 나, 바쁨에 쫓겨 정신없이 사는 나의 모습에 더 이상 좌절하지 않는다는 점입니다. 습관 모임이 가져다준 내 삶에 대한 확신이 있기 때문입니다. 매일 반복하는 건강한 습관의 축적만이 내가 디자인한 대로 내 인생을 끌고 나가는 유일한 방법이며, 나는 큰 틀에서 매일 조금씩 내가 원하는 나의 모습에 다가가고 있다는 사실이 나에게는 삶을 지속시켜나가는 원동력이 되고 있습니다.

20대 중반에 삶의 대원칙을 세웠고, 20대 후반에는 그것을 실천할 수 있는 방법을 내 것으로 만들었으니 나는 어떤 삶의 고비에도 거꾸러지지 않을 것이라는 자신이 들고, 이 자신감은 다시 내 삶을 풍성하게 만들어주고 있습니다. 이보다 좋은 선순환이 있을까요? 이제는 매일 꾸준히 작은 선순환을 쌓아나가는 일만 남은 것 같습니다.

01 습관을 공부하는 사람들

02

성과를 향상시키는
습관 공부법

처음에는 단순히 생활을 바꾸기 위해 습관 공부를 시작하는 경우가 많지만, 어떤 습관을 선택하든 궁극적인 목표는 성과 수행으로 귀결됩니다. 습관을 공부한다는 것은 자신이 속한 집단에서 실제로 성과를 내기 위한 준비운동의 성격이 강하기 때문입니다.

습관을 반복적으로 실행함으로써 노하우를 쌓으면 실제 업무에도 확실히 도움이 됩니다. 앞에서 언급했던 프로그래머는 실제로 습관 자동화 프로그램을 만들면서 자신의 성과 포트폴리오를 강화하고 있죠. 회원 중에는 화가도 있었는데, 기본 습관을 하다가 본업인 하루에 그림 한 장 그리기로 확대되는 경우도 있었습니다.

지속적으로, 같은 행동을, 의도적으로 반복하면 점차 기본적인 행위에 숙달됩니다. 그러면서 자연스럽게 자신의 행동에서 교정해야 할 요소를 발견할 수 있고, 이를 개선하는 과정이 이어집니다.

─● 삶과 업무에서 성과를 향상하는 법

안데르스 에릭슨 플로리다주립대학교 심리학과 교수의 연구는 습관이 개인의 성장에 어떻게 도움이 되는지를 밝혀냈습니다. 안데르스 에릭슨 교수는 '1만 시간의 법칙'을 처음으로 고안했는데, 평생토록 어떤 사람들은 자신의 일을 훌륭하게 해내고 어떤 사람들은 그렇지 못한 이유와 이를 해결하기 위한 방법을 찾기 위해 노력해왔습니다.

에릭슨 교수는 가장 효과적인 학습 방법으로 정교한 심적 표상mental representations을 가지면서 시행하는 '의식적인 연습deliberate practice'을 주장했습니다. 타고난 재능 없이도 누구나 올바른 방법으로 오랜 시간 연마하면 일정 수준 이상을 달성할 수 있다는 것이죠.

그에 따르면 전문가와 비전문가를 가르는 결정적인 차이는 심적 표상에 달려있다고 합니다. 심적 표상은 사물이나 관념, 정보, 그 밖에 뇌가 생각하는 대상에 대응하는 심적인 구조물이라고 할 수 있습니다. 쉽게 설명하면 어떤 업무를 생각했을 때 머릿속에 떠오르는 개념 구조물과 비슷합니다.

심적 표상의 대표적인 예로 시각 이미지를 들 수 있습니다. 예를 들어, 고흐의 작품 '별이 빛나는 밤에'를 떠올릴 때 그 작품에 대한 심적 표상은 사람마다 다를 수 있겠죠. 어떤 사람은 검은색과 노란색의 색채

대비만 간략하게 기억할 수 있고, 어떤 사람은 폭발하는 듯한 구름과 달빛의 느낌, 회오리치듯이 꿈틀대는 필치, 그림 전체의 율동적인 흐름, 땅과 하늘을 연결하는 사이프러스나무를 자세히 기억해낼 수 있습니다. 어쩌면 고흐가 동생 테오에게 보낸 편지글까지 기억해내는 사람도 있을 수 있습니다. 이처럼 심적 표상은 사람마다 다를 수 있죠.

'5분만' 회원 중에는 스마트폰 사용량을 줄이기 위해 하루에 10분 이상 디지털디톡스를 결심한 회원이 있었습니다. 다들 비슷한 목적을 위해 비슷한 습관을 선택하죠. 하지만 그는 자신의 상황을 고려해 출퇴근시간에 버스를 타면 스마트폰을 비행기 모드로 전환했습니다. 그리고 가지고 있는 전자시계의 스톱워치를 활용해 비행기 모드 유지시간을 기록하고 하루 두 번 그 시간의 합을 확인해 다시 기록하고 있습니다. 그렇게 하루 약 25분이 모여서 현재 누적 1,060분 동안 디지털디톡스를 기록할 수 있었다고 하네요.

　이 회원은 디지털디톡스 습관에 대한 심적 표상이 뚜렷하고, 자신이 언제 어떤 행동을 통해 디지털디톡스를 달성할지 확실하게 알고 있습니다. 당연히 막연하게 스마트폰을 적게 해야겠다고 결심하는 사람들보다 진행결과가 좋을 수밖에 없죠.

안데르스 에릭슨의 연구에 따르면 심적 표상이 뚜렷할수록 어떤 상황에 대한 이해와 대처 방법을 보다 정확하게 파악할 수 있습니다. 해당 상황을 보다 구체적으로 기억하고, 효과적인 대처 방법을 고민할 수 있기 때문입니다.

업무에서도 마찬가지죠. 우리가 업무 성과를 높이기 위해서는 해당 업무에 대한 적절한 심적 표상을 만드는 것이 중요합니다. 심적 표상이 뛰어난 사람은 해당 업무를 언제까지 어떤 형태로 완성해야 하는지 확실히 인지하고 있는데, 이는 패턴을 기반으로 하는 장기 기억에 속합니다. 모든 요소들을 하나하나 기억하는 것이 아니라 전체적인 맥락과 과정으로 기억한다는 의미입니다.

심적 표상이 정교할수록 자신의 업무를 탁월하게 수행할 수 있습니다. 이러한 심적 표상을 보다 정교하게 만들기 위해서는 의식적인 연습이 필요합니다. 의식적인 연습은 자신이 원하는 이미지를 정확하게 구상할 수 있게 하고, 기량을 향상시킬 수 있는 방법으로 연습할 수 있게 합니다.

이렇게 향상된 의식적인 연습은 다시 심적 표상을 강화함으로써 심적 표상과 수행 능력은 서로 선순환하는 구조를 형성하게 됩니다.

의식적인 연습을 하기 위해 필요한 원칙*은 다음과 같습니다.

① 기존에 효과적인 훈련 기법이 수립되어있는 분야에서 기술을 연마할 것

② 컴포트존에서 벗어난 지점에서 자신의 현재 능력을 살짝 넘어서는 작업을
  지속적으로 시도할 것**

③ 명확하고 구체적인 목표를 가질 것

④ 신중하고 계획적으로 접근할 것

⑤ 피드백과 피드백에 따른 행동 변경을 수반할 것

⑥ 심적 표상을 효과적으로 생성하고 그에 의존할 것

⑦ 기존의 기술 중 특정 부분을 집중적으로 개선할 것

습관 공부는 심적 표상의 형성과 의식적인 연습의 연속입니다. 습관은
시작부터 의도가 반영되고, 특정 시간에 행위를 반복하며 경험을 축적
하는 일입니다. 처음에는 뇌의 반발을 최소화하기 위해 작은 행위로부

---

* 대부분의 경우 이러한 실험은 전문적인 분야에서 진행되었는데, 전문적인 분야가 아닌 곳에서도 이 원
칙들을 지침으로 사용할 수 있다.

** 컴포트존은 온도, 습도, 풍속 등이 적합해 사람이 가장 편안함을 느끼는 일정한 범위를 말한다. 컴포
트존 밖에서는 '더 열심히 하기'가 아니라 '다르게 하기'가 핵심이 된다. 같은 행동을 의미 없이 반복하는
것은 효과가 덜하다. 하지만 너무 과도한 도전과제는 뇌가 강력하게 거부한다. 강도와 압박이 지나치면 시
도 자체를 힘들게 하기 때문에 스윗스팟을 찾아 연습을 시도해야 한다.

터 시작하지만, 해당 습관을 실행하는 횟수와 강도가 늘어나면서 익숙해지면 다른 습관으로 진화하기도 합니다. 습관을 반복하면서 시행착오를 경험하는 과정은 전문성을 획득해가는 과정과 동일하기 때문입니다.

'5분만'의 회원들도 습관을 공부하면서 기술적으로 진보하고 있습니다. '먹은거'에 참여하는 회원들의 원래 목표는 그저 자신들이 먹은 식단 기록을 모아서 공유하는 것이었죠. 모임이 진행되면서 누군가 그날 먹은 음식을 기록할 때 촬영시간이 기록되는 사진 어플리케이션을 발견하고 이를 통해 공유하기 시작했습니다.

어플리케이션 덕분에 회원들은 손쉽게 자신이 먹은 음식과 시간을 확인할 수 있게 되었고, 어플리케이션 사용에 익숙해지자 다양한 글씨체로 각자의 개성을 담은 식단 사진을 공유하기에 이르렀죠. 그러면서 사진이 예쁘게 되니 더 습관을 지키려는 의욕도 커졌습니다. 그렇게 두 달을 하면 그냥 건조하게 하는 것보다 더 절제할 수 있게 되고, 더 높은 다이어트 성과를 낼 수 있었습니다.

'한쪽만' 대부분의 회원은 간단한 독서를 습관으로 만들기 위해 모임에 참가합니다. 그러다가 대학원생이라면 관련 분야의 논문 읽기를 추가하고, 직장인이라면 현업 관련 서적을 읽으면서 자신이 느낀 점을 공유하고 있습니다. 습관 공부를 통해 형성한 최적화된 자신의 생활 패턴에 업무 관련 습관을 추가하는 것이죠.

이미 기본 습관을 하면서 마인드 준비하기부터 목표 정하기, 시간대와 방법 등 습관에 대한 기본적인 이해가 반영되기 때문에 업무 관련 습관도 쉽게 추가하는 회원들이 많습니다. 거기에 자신이 잘하고 있다는 자존감이 더해지니 서로 시너지가 나면서 업무에서의 성과 개선을 고백하는 사람들이 많아졌습니다.

이와 같은 현상은, 속도와 최적화의 차이는 있겠지만, 회원 모두에게 공통적으로 나타나는 현상이었습니다. 이러한 성과에 대한 확신은 습관을 지속하기 위한 다른 원동력으로 작용합니다.

또한 그 습관의 경과들을 기록으로 남겨 커뮤니티에 공유하기 때문에 자신의 습관 공부에 대한 피드백을 받으며 자신의 행동을 교정해나갈 수 있습니다. 변호사, 의사부터 교사, 공무원, 대학원생, 학생까지 다양한 연령대의 사람들이 그 기록을 보고 자신의 경험으로 조언해주기도 합니다. 습관 기록과 피드백을 통해 자신의 노력을 정확하게 측정하고, 더 나은 단계에 도달할 수 있도록 지속적으로 자극을 유지하는 것이죠.

'하나씩'의 회원들은 매일 할 수 있는 수준의 업무들을 기록하고 칭찬하기 때문에 작은 개선을 모아 매일 행동을 교정함으로써 변화에 한 걸음 다가설 수 있게 됩니다. 이는 현재의 컴포트존을 벗어나 실질적인 향상을 도모한다는 점에서 의식적인 연습과 동일합니다.

반복적이고 의식적인 연습은 성과를 향상시키고, 향상된 효과는 회원들의 마인드에 본질적인 변화를 일으킵니다. 그것은 바로 내가 가진 자질은 단지 성장을 위한 출발점이며, 노력이나 전략을 통해 얼마든지 개선될 수 있다는 '믿음'입니다.

　스탠퍼드대학교 심리학과 교수인 캐롤 드웩은 '우리가 지금보다 성장할 수 있다!'는 핵심적인 심리 상태를 '성장 마인드셋'이라고 이름 지었습니다. 반대로 사람의 능력은 고정되어있다는 심리 상태를 '고정 마인드셋'이라고 부릅니다. 캐롤 드웩과 그 연구팀은 중학교에 입학하는 학생들의 성적을 분석하면서 그들의 마인드셋을 함께 측정했습니다.

　2년에 걸쳐 성장 마인드셋과 고정 마인드셋 두 집단의 성적 변화를 탐구한 캐롤 드웩의 연구팀은 입학 때는 비슷했던 두 집단의 성적이 도전을 마주한 후 차이를 보인다는 사실을 발견했습니다. 성장 마인드셋 집단의 성적이 월등히 높았던 것이죠.

　고정 마인드셋 집단의 학생들은 '나는 정말 멍청해요'나 '나는 수학을 원래 못해요' 등 자신의 능력을 탓하는 경우들이 많았습니다. 반면 성장 마인드셋 집단의 학생들은 수학 공부에 때로는 좌절했지만 끝까지 파고들어서 원하는 성적을 얻었습니다. 마인드셋의 종류에 따라 결과가 극적으로 달라질 수 있다는 그녀의 주장은 큰 설득력을 얻어 사람을 이해하는 핵심요소로 작동하고 있습니다.

'5분만' 모임에 참여하고 있는 이수진 씨는 운동에 대한 두려움을 가지고 있었습니다. 그의 최종 목표는 다이어트였는데, 직장생활과 다이어트를 병행하는 것에 어려움을 겪고 있었죠. 운동을 워낙 좋아하지 않는 것도 걸림돌이었습니다.

이수진 씨가 습관 공부를 시작하며 처음으로 세웠던 습관은 '하루 5분 실내 자전거 타기'였습니다. 가능한 최소의 목표이자 최선의 목표였죠. 덕분에 매일 습관을 실행할 수 있었고, 자신감도 얻을 수 있었습니다. 조금씩 습관 실행시간을 늘려나갔고, 타는 거리도 늘려나갔습니다. 조금씩 쌓은 결과는 어느 정도에 이르렀을까요? 누적숫자가 무려 2,000킬로미터 이상이었습니다.

자신감을 얻은 이수진 씨는 '먹은거'에도 참여하기 시작했고, 지금까지 운동과 식단 조절을 동시에 진행하고 있습니다. 다이어트라는 분명한 목표(심적 표상)를 달성하기 위해 운동(의식적인 연습)을 시작했고, 하나의 습관에 익숙해지면서 또 다른 습관에도 도전할 수 있게 된 것입니다.

그 후에는 '하나씩'의 개선일지에서 영감을 얻어 업무 개선일지를 작성하고 있습니다. 매일 한 개 이상 자신의 업무 중 기억해야 할 일들을 기록하고 있는데, 쓰지 않았을 때보다 훨씬 기억하기 수월하다고 합니다.

이수진 씨가 놀랐던 점은, 기록을 하면서 보니 자신이 비슷한 실수를 반복한다는 것이었습니다. 두 번 이상 저지른 업무 실수를 다시는 반복하지 않기 위해 컴퓨터 바탕화면에 해당 내용을 기록하는 등 업무 교정을 위한 노력 덕분에 점차 업무에서의 실수가 줄어들었다고 이야기했습니다. 그러면서 예전보다는 일을 더 잘할 수 있겠다는 의욕이 생겼다고 합니다.

노력을 한만큼 성과가 나오면 성장 마인드셋의 변화를 느낄 수 있습니다. 여러분도 현재 하고 있는 일에 관한 습관을 만들고 이를 기록하면서 교정해나간다면 '5분만' 회원들이 경험한 변화를 비슷한 과정으로 확인할 수 있을 것입니다.

● 습관 공부를 통해 어떤 업무가 주어졌을 때 그걸 하기 위해 제가 해야 하는 일을 대기열에 넣고 제가 지금 할 수 있는 일을 체크해가면서 일할 수 있게

02 성과를 향상시키는 습관 공부법

되었습니다. 이를 통해 업무를 완료하는 데 제일 효과적인 방법이 무엇인지 고민할 수 있고, 하지 않아도 될 일들을 사전에 파악할 수 있었죠.

이렇게 업무에서도 목표를 한 번 더 생각하고 제일 효율적인 방법을 고민하는 것이 습관이 된 덕분에 추진력을 가질 수 있었던 것 같아요.

5분만 Q&A

아이와 엄마가 함께 자라는 습관 공부

자녀교육은 아이가 어리든 크든 정말 답이 없는 문제입니다. 저도 아이들을 가르치면서 수많은 아이를 만났는데, 만난 아이의 숫자만큼 학습하는 방법도, 대화하는 방식도 다양했습니다. 정유진 회원은 초등학생을 자녀로 둔 엄마로, 그리고 한 인간으로 살아가기 위해 습관 공부를 시작했습니다. 습관 모임에 참석하기 전부터 혼자서 습관을 공부했던 정유진 회원의 이야기는 일상에서, 사회에서 다양한 역할을 수행하고 있는 우리에게 큰 울림을 줄 것입니다.

Q 습관 모임 '5분만'에 참여하게 된 계기가 무엇인가요?

A 아이의 수학 학원을 알아보기 위해 학원 설명회에 참석했는데, 그때 습관 모임 운영자를 알게 되었습니다. 대표 강사이기도 했던 운영자는 설명회에서 교재나 진도 안내 대신 습관의 중요성을 설명했는데, 눈이 번쩍 뜨이는 느낌이었습니다. 무척 반가웠어요. 저는 습관을 만들기 위해 혼자 노력하고 있었는데, 저와 같은 마음으로 '함께' 습관을 '공부'하는 모임이 있다니 놀라울 따름이었습니다.

Q 습관 모임에 참석하기 전에는 어떻게 습관을 공부했나요?

A 누구나 그렇듯, 아이가 태어난 후 엄마라는 이름이 시작되었습니다. 엄마로서의 첫 번째 습관은 아이가 뱃속에 찾아왔을 때부터였습니다. 탯줄로 이어진 열 달의 기간을 흘려버릴 수는 없었거든요. 태교책들을 찾아보며 아기의 정서와 지능개발에 도움이 된다는 도예, 퀼트, 명상, 수학책 풀기 등의 습관 활동을 이어갔습니다. 입덧도 없었던 터라 아기를 품은 10개월은 설렘과 기다림으로 가득 찬, 처음 느껴보는 소중한 시간이었습니다.

아기가 태어나고는 좀 더 전문적인 지식이 필요했습니다. 서점 육아출산 코너의 다양한 책들이 초보 엄마의 눈을 사로잡았죠. 각각의 책이 지향하는 목표는 다르지만, 그 바탕이 꾸준함이라는 것은 부인할 수 없는 사실입니다.

저는 '독서를 통해 우리 아기 바이링구얼 만들기'를 목표로 결정했습니다. 우선 아기가 책과 친해지는 데 주력했습니다. 첫 번째 습관은 누워 있는 아기에게 한두 시간씩 매일 동화를 들려주는 것이었습니다. 다른 가족들 앞이라 오글거리고 쑥스러웠지만, 아기가 깨어있는 시간이 그때뿐이라 어쩔 수 없었습니다. 아기가 책을 만지며 스스로 책장을 넘길 수 있을 때쯤에는 영어책과 한글책을 5대 5로 노출했습니다. 여기에 영어 DVD, 오디오 들려주기를 추가해 지금까지 이어지고 있습니다.

아파트 상가 도서대여점에 등록하고 매일 드나들면서 사장님과 친해졌는데, 덕분에 새 책을 가장 먼저 볼 수 있는 혜택도 받을 수 있었습니다. 그곳에 있는 영어책을 거의 다 봤을 즈음 아이는 영어와 제법 친해졌습니다. 문법에 발목 잡혀 스피킹이 자유롭지 않았던 저와 달리 아이는 영어를 언어 그대로 받아들이더라고요. 꾸준함이 힘을 발휘했던 것 같습니다.

엄마가 되고 시작한 첫 번째 습관 공부는 성공적이었고, 아이가 자연스럽게 외국인들과 대화를 나눌 때는 뿌듯함도 느꼈습니다. 부모가 제공하는 환경에 의해 아이의 습관이 만들어질 수 있다는 가능성을 체험할 수 있었습니다.

초등학교에 입학한 후에는 물리적인 시간도 부족하고, 아이도 아이 나름의 고집이 생기면서 습관을 이어가는 데 어려움이 생기기 시작했습니다. 저 또한 체력도 예전 같지 않고, 감정을 통제하는 것도 쉽지 않더라고요. 거창한 계획은 번번이 실패하게 되었습니다.

다이어리에 바를 정자를 써가며 습관을 체크하기 시작했는데, 그나마도 열흘이 가장 긴 유지 기간이었습니다. 만족스럽지 않았죠. 습관을 계속하기 위해 다양한 방법을 고민했지만 계획, 실행, 실패가 반복되면서 비슷한 목표를 가지고 함께할 수 있는 사람이 있다면 좋겠다는 생각이 들기 시작했을 때 습관 모임 활동을 마침 시작할 수 있었습니다.

Q 부모로서 습관 모임에 참여하면서 어떤 점이 도움이 되었나요?

A 두 명의 나, 두 개의 마음으로 하루를 살았던 것 같아요. 원래의 나, 그리고 엄마인 나. 아이를 잘 키우고 싶다는 간절한 마음, 그리고 내 삶을 찾고 싶다는 마음···. 나에게 집중한 날은 아이에게 소홀할 때가 많았고, 아이를 챙기다 뒷전으로 밀려버린 나를 보며 씁쓸한 기분이 들 때도 있죠.

습관 모임을 시작하면서 두 역할에 필요한 습관을 각각 설정했어요. 나를 위해서는 운동과 독서, 취미 활동을 습관 목표로 설정했고, 아이에게 꼭 해주고 싶었던 습관도 따로 설정했습니다. 두 개의 목록으로 습관을 분류하고 나니 두 개의 역할에 좀 더 충실해지게 되었습니다. 실행력도 좋아졌고요. 특히 아이에게 해주고 싶은 것들이 생기고, 그것들을 아이와 함께 해온 과정은 나뿐만 아니라 아이에게도 꾸준함으로 연결되었습니다.

Q 자녀와 함께 습관 공부를 시작한 이유는 무엇인가요?

A 제가 설정한 엄마로서의 목표 중에 '친절한 엄마'가 있어요. 친절한

엄마가 되기 위해 우선 언어 습관을 디자인했어요. 언어 습관이라고 하니 거창해 보이지만, 예를 들어 외출하고 집에 들어왔을 때 명령형으로 "손 씻어"라고 말하지 않고 "손 씻고 나올까?"라고 권유형으로 말하는 거죠. "안 돼"라는 부정어보다 하지 않아야 할 이유를 말하고 "하지 않는 게 좋을 것 같아"라고 비폭력언어를 대화의 기본으로 삼았고요.

하지만 아이에게 사춘기가 찾아오면서 사소한 말다툼 때문에 대립하게 되는 경우도 많아졌고, 감정까지 상하는 일도 반복되었습니다. 엄마 혼자 습관 공부를 한다고 원하는 효과를 얻을 수는 없다는 생각에 이르렀습니다. 그래서 아이에게 습관 공부에 대해 이야기했고, 아이도 동감하면서 함께 습관 공부를 시작하게 되었습니다.

아이는 기본 습관과 의무 습관 두 가지로 습관을 분류해 공부하고 있어요. 기본 습관으로 손 씻기, 정해진 시간에 밥 먹기, 아침에 바로 일어나기 세 개의 습관을 실천하고 있고, 매일매일 해야 하는 숙제 목록을 스케줄러에 정리하고 완료하는 습관을 의무 습관으로 실천하고 있답니다. 매일 저녁 10시 30분에 자기주도 체크 알람도 맞췄는데, 알람이 울리면 아이는 각각의 항목을 체크하고, 저는 아이가 체크할 때 도와주는 습관으로 하루를 마무리합니다.

Q 습관 공부가 자녀의 실제 공부에 어떤 영향을 줬나요?

A 계획을 세우고 생활하는 하루는 그렇지 않은 하루와 비교했을 때 매우 효율적입니다. 공부가 계획이 되고, 그 계획을 실천하면서 습관이 정착되니 놀랍게도 아이의 성취감이 상승했습니다. 수능 만점자들이 인터뷰에서 종종 이야기하는 '자기주도'가 시작된 것이죠.

습관 공부 또한 자기주도에 성공하면 결과가 좋았을 때뿐만 아니라 반대의 경우에도 아이에게 긍정적인 영향을 줍니다. 아이 입장에서는 잘못된 부분을 빠르게 수정하고 그 결과를 다음 계획에 즉시 반영할 수 있기 때문입니다. 부모의 입장에서는 만족스럽지 않은 결과일지라도 아이가 노력한 과정을 칭찬할 수 있는 기회를 얻을 수 있습니다. 실패했을 때 결과를 탓하기보다는 최선을 다한 것 자체로 아이를 다독일 수 있으니 아이의 자존감은 높아지고, 동기부여에도 영향을 미칩니다. 습관에서 출발한 학습이 여러 시너지를 가지고 오는 것이죠.

Q 마지막으로 하고 싶은 이야기가 있나요?

A '행복도 습관이다'라는 말처럼 유익한 행동을 계속하다 보면 습관으로 익숙해질 것입니다. 그렇게 자리 잡은 습관은 각자를 발전시키는 데 큰 도움이 됩니다. 습관 모임은 굉장히 심플합니다. 개인은

본인이 실천하고자 하는 항목 몇 가지를 준비하면 되고, 이미 갖춰진 시스템은 습관을 공부하는 우리를 디테일하게 돕습니다. 모임에 참여한 회원들과 하루하루 생활하기만 하면 되는 거죠. 부담스럽지 않은 수준의 압박과 다른 사람의 습관 목표를 살필 수 있다는 점은 모임의 최고 장점입니다.

03

퍼스널브랜드를 형성하는 습관 공부법

브랜드를 간단하게 정의하면 '인상'이라고 할 수 있습니다. 최근에는 사업계획보다 브랜드 기획을 먼저 해야 한다는 주장이 주목받고 있는데요. 삼성은 기능 위주의 차별화 전략을 통해 자신의 브랜드를 전 세계에 인식시켰고, 애플은 감성을 브랜드 전략으로 선택해 초기 스마트폰 시장을 석권할 수 있었습니다.

브랜드 전략은 이제 기업에 국한되지 않습니다. 개인 또한 자신만의 브랜드를 창조해내야 하는 시대가 된 것이죠. 이른바 '퍼스널브랜드'의 시대입니다.

퍼스널브랜드는 한마디로 '자기다움'을 확인할 수 있는 '가치'입니다. 특히 요즘처럼 개성을 강조하는 시대에는 사람들의 성과와 커리어가 퍼스널브랜드와 직접적인 연관성을 가지고 있습니다.

퍼스널브랜드가 가장 잘 드러나는 대표적인 직업이 크리에이터입니다. 2018년 교육부와 한국직업능력개발원이 1,200개 초중고 학생, 학부모 및 교원 등 4만 7,886명을 대상으로 실시한 진로교육 현황조사에서 유튜브 크리에이터가 초등학생 희망직업 5위에 올랐습니다. 초등학생들에게 높은 인지도를 가진 유명 크리에이터들이 영향을 미쳤을 것이라는 분석입니다.

크리에이터가 되기 위해서는 자신만의 개성을 가지고 있어야 합니다. 상상만 했지 실제로 할 수 없을 것 같은 다양한 실험을 직접 해보는 허팝, 직접 게임 방송을 하면서 시청자들과 소통해온 대도서관은 비슷한 콘텐츠라도 오랜 시간 구축한 특유의 개성을 바탕으로 해설하면서 큰 인기를 끌고 있습니다. 그게 어떤 콘텐츠든, 한 영역에서 뚜렷한 개성을 가지고 있는 유튜버들이 큰 인기를 끌고 있는 것입니다.

퍼스널브랜드는 SNS와 1인 미디어 추세에 힘입어 관련 상품 광고와 판매 등 직접적인 수익으로도 연결되기도 합니다. 과거에서는 상상하기 어려웠지만, 이제는 유튜브 광고 수익으로 한 달 소득이 2,000만 원 이상인 초등학생들이 생기는 시대가 되었습니다.

습관을 공부하는 것은 퍼스널브랜드를 구축하는 과정이기도 합니다. 습관을 지속하다 보면 자신이 어떤 활동을 어떻게 하는지 알게 되고, 자신의 성향도 이해할 수 있게 됩니다. 또한 습관의 기록이 쌓여 나의 포트폴리오가 되는데, 이는 개인의 정체성을 드러내는 지표가 됩니다. 즉, 습관을 통해 나의 존재를 다른 사람들에게 알릴 수 있는 것이죠. 저의 경우 지금까지 160주 동안 주간 정리를 진행했습니다. 물론 지금도 진행 중이고요. 이렇게 쌓인 시간들은 다른 사람들이 나를 인식하고 판단하는 근거가 되어줬습니다. '이 사람은 꾸준히 계획하고 살아가는 사람이구나'처럼요. 데이터가 저를 증명해준 것이죠.

또한 '5분만' 습관 디자인 프로젝트 운영과 유튜브 채널을 통해 습관 전문가로서의 브랜드도 형성해가고 있습니다. 요즘에는 온라인과 오프라인을 통해 습관과 관련해 문의하는 사람들도 많아졌습니다.

'5분만'의 회원들도 저와 마찬가지로 주변에서 습관 활동을 인지하면서 조금은 특별한 사람으로 인식되기 시작했습니다. 처음에는 습관 활동을 물어보는 것으로 시작해 점차 다른 분야에 대해 물어보는 사람이 생기게 됩니다. 그렇게 나만의 브랜드를 형성하는 것은 습관이 주는 큰 선물입니다.

● 원래 친한 친구끼리는 서로의 변화를 잘 인식하지 못하는데, 저와 가장 오랜 시간을 보낸 친구도 저의 변화를 알아챌 정도로 많이 바뀔 수 있었어요. 습관 공부를 통해 경제관념을 쌓으려고 노력했고 작은 습관들에서 성과를

얻을 수 있었는데, 친구도 딱 알아보더라고요. 이제는 저를 '경제관념이 투철한 친구'로 인식하고 있답니다. 대화의 주제도 경제와 관련된 경우도 많아졌고요. 저만의 브랜드가 생긴 것 같아 기분이 좋아요.

💬 개선일지를 쓰면서 느꼈던 것들을 업무에도 조금씩 적용하고 있습니다. 아직 괄목할 만한 수준까지는 아니지만 확실히 성과가 오르는 게 느껴집니다. '먹은거'에서 만든 식단 사진 찍는 습관을 할 때마다 친구들이 놀랍니다. 이렇게 꾸준하게 할 줄 몰랐다고…. 참 꾸준한 사람이라는 인상을 주고 있다는 데 저도 가끔 놀라기도 합니다.

이처럼 나의 성향에 맞는 습관을 찾고, 시간을 두고 기록을 쌓으면서 차별화된 퍼스널브랜드를 구축하는 습관 공부는 해당 분야에 대한 전문가로 발돋움하는 데 분명한 도움이 됩니다.

주변 사람들의 인식을 통해 퍼스널브랜드의 중요성을 깨달은 '5분만'의 회원들은 해당 습관을 더 열심히 하게 되었죠. 습관 활동을 하면 할수록 다른 사람들에게도 어필할 수 있는 포인트가 생겼다는 것을 체감했기 때문입니다.

이러한 브랜드 인지도는 유튜브와 브런치 등 SNS 플랫폼을 통해 확산될 수 있고, 궁극적으로 다른 사람으로 대체될 수 없는 나만의 가

03 퍼스널브랜드를 형성하는 습관 공부법

치를 강화합니다. 저뿐만 아니라 '5분만'의 많은 회원들은 그 가치를 지금도 꾸준히 만들어가고 있습니다.

변화가 임계점이 넘으면 현재 우리가 상상하기 어려울 정도로 높은 단계의 성장에 이를 수 있으리라 확신합니다. 여러분도 작은 변화를 위한 소소한 습관을 쌓으면서 우리가 함께 경험하고 있는 작은 기적을 똑같이 맞이할 수 있습니다. 거창하지만 실현되지 않는 큰 목표보다 작은 습관을 통한 확실한 변화. 그것이 우리가 체험한 하나의 진리입니다.

우리가 직접 경험한 습관의 힘을 모두가 공유하는 시간이 오기를 기대합니다.

정해진 시간에 정해진 습관을 한다는 의미

서울대학교에서 기계공학을 전공하고 있는 사민철 회원은 '메이커'를 꿈꾸는 말 그대로 '평범한' 공대생입니다. 하지만 인터뷰를 하면서 '5분만'을 통해 얻은 것들과 전공지식을 차근차근 설명해주는 그의 모습은 괴짜의 이미지가 강했던 공대생과는 전혀 다른 느낌이었습니다. 다이어트를 위해 처음으로 '5분만'에 참가한 사민철 회원은 다이어트뿐만 아니라 자신의 전공을 활용해 프로그래머로서의 포트폴리오까지 성공적으로 구축하고 있습니다.

Q 습관 모임 '5분만'에 참여하게 된 계기가 무엇인가요?

A 삶에 대한 통제권을 갖는다는 것은, 다른 많은 사람들에게 그렇듯, 나에게도 중요한 삶의 화두였습니다. 그리고 다른 많은 사람들이 그렇듯 나 역시 그런 삶을 바랄 뿐 손에 넣지는 못한 채로 계획과 좌절을 반복했습니다.

내가 바라던 삶의 모습은, 쉽게 이야기한다면 소설가 무라카미 하루키의 삶과 무척 비슷합니다. 《직업으로서의 글쓰기》와 다른 많은 글에 따르면 그는 매일 같은 일과를 보내면서 정해진 시간에 글을 쓰는 삶을 보냅니다. 흔히 영감에 의해 지배받는다고 생각하곤 하는 글쓰기를 다른 모든 일과 마찬가지로 규칙적인 생활을 통해 달성해나가는 모습은 무척 인상적입니다. 나와 차이가 있다면, 규칙적인 작업의 목표점이 프로그래밍이라는 것 정도죠.

학교 커뮤니티에서 몇 번인가 '5분만' 회원 모집 글이 올라오는 것을 봤지만, 참가해야겠다는 생각은 하지 않았습니다. 지금 돌이켜 생각해보면, 내 생활을 일부나마 생면부지의 타인에게 스스로 공개한다는 데서 오는 부담감, 거부감이 큰 이유였습니다. 대신, 모임에서 힌트를 얻어 일정 관리를 하고 하루에 한 일을 정리하는 습관을 시작했습니다.

하지만 습관을 지속할수록 느꼈던 것은 습관이 방해를 받았을 때 제 궤도로 다시 돌아오기가 너무 힘들다는 것이었습니다. 습관 형성이라는 면에서는 어린 시절 방학숙제가 하루라도 밀리기 시작하면 그대로 미뤄버리던 상태에서 한 걸음도 나아지지 못한 것입니다. 이런 사실을 깨달은 후에야 겨우 내게도 '5분만'이 필요하다는 걸 인정할 수 있었습니다.

Q '5분만'에 참여하면서 어떤 변화를 경험했나요?

A 이런 심경 변화만으로 바로 '5분만'을 시작할 수는 없었습니다. 신청은 곧바로 했지만, 참여에 필요한 설문을 차일피일 미루다 모집

기간을 넘겨버린 것입니다. 10분도 채 걸리지 않는 간단한 설문이 었다는 걸 생각해보면 한심한 일이었죠. 그러나 참가를 못 하게 되 었다고 해서 한 달을 그냥 미룰 수는 없었습니다.

결국, '5분만'의 가이드라인을 참고해 스스로 습관 공부를 먼저 시 작하기로 했습니다. 프로그래밍과 건강, 두 가지를 가장 먼저 습관 으로 시작했습니다. 하면 좋다는 건 알지만 정작 실천에 옮기진 못 했던 습관들…. 한 달이라는 시간 동안 시행착오를 겪어가면서 최 종적으로 매일 30분 이상 프로그래밍 공부하기와 매일 30분 이 상 운동하기를 습관으로 삼았습니다. 기준이 높아질수록 엄두가 나지 않아서 할 수 있었던 일조차 못 하게 되는 경우가 많았기 때 문입니다.

마침내 한 달이 지났고, 이번에야말로 미루지 않고 '먹은거'에 참가 했습니다. 습관 모임을 하면서 매일 자신의 진전을 공유할 대상이 있다는 것도 큰 도움이 되었습니다.

Q 습관 관리 프로그램을 직접 만들게 된 계기가 무엇인가요?

A 활동하면서 불편한 점도 있었습니다. 매일 같은 내용을 인증해야 하는데 지금까지의 누적 인증 횟수를 찾는 것, 그리고 양식이 조금 씩이나마 달라지는 것이 큰 불편으로 느껴졌습니다. 또 인증을 위

해 구글 스프레드시트에 접근하는 것도 연말에 가까워지면서 20여 명의 1년치 데이터를 모두 불러들여야 하는 상황에서는 부담스러운 일이었습니다. 하지만 프로그래밍 습관을 시작한 이래 처음으로 마주친, 실제 문제 상황에 프로그래밍을 적용해볼 기회이기도 했습니다. 구글 시트를 수정하는 방법, 데이터 저장, 사용자 인터페이스와 실행 파일 생성까지 많은 것이 처음 겪어보는 문제였고, 그 모든 과정이 힘들기는 했지만 무척 흥미로운 경험이었습니다.

한 달을 프로그램 만드는 데 투자했는데, 마침 '내꺼하나'에도 참여하게 되었습니다. 여전히 같은 불편을 느꼈고, 만들어놓은 프로그램을 응용해 이번에는 더 쉽게 같은 문제를 해결할 수 있었습니다. 그리고 이 해결된 내용들에 대한 블로그 포스트를 '하나씩'에 공유했습니다. 그때, '5분만' 운영자에게 연락을 받았습니다. 이미 자리잡은 '내꺼하나', '먹은거', '하나씩', '한쪽만' 가운데 아직 자동인증 프로그램이 만들어지지 않은 '한쪽만'까지 자동인증 프로그램을 만들 수 있다면 활동하는 회원들의 번거로움을 많이 줄일 수 있으리라는 이야기였습니다.

개인적인 불편함에서 출발한 프로그램이 다른 누군가에게도 도움이 될 수 있다는 사실을 실제로 깨닫는 것은 무척이나 기분 좋은 일이었습니다. 이미 두 번이나 해본 개발이었던 만큼 상대적으로 아주 쉽게 마지막 프로그램을 만들었고, 이를 통합해 Integral Note 라는 하나의 프로그램으로 만들 수 있었습니다.

Q 습관 관리 프로그램을 개발하면서 어떤 성과를 이뤘나요?

A 다양한 환경에서 작동할 수 있는 프로그램을 개발했습니다. 사실 처음에는 조금씩이나마 배운 프로그램으로 실제로 작동하는 프로그램을 만들었다는 점에서 훌륭한 결과물이라는 생각을 스스로 했던 듯합니다. 하지만 64비트 윈도우 환경에서만 작동하고 32비트 윈도우, iOS, 안드로이드에서는 사용할 수 없다는 것은 큰 한계로 다가왔습니다. 결국 크로스 플랫폼 디자인까지도 공부하게 되었죠. '5분만'을 위해 만들게 된 것이 바로 일간 리포트 작성 기능이었습니다. 사실 각 방의 방장님들이 매일 회원들의 인증 상황을 캡처해서 올리는 과정은 모두 수작업이었는데, 그로 인한 피로를 많이 호소하는 상황이었습니다. 프로그램을 개발하면서 겪어본 경험을 통해 이번 프로그램은 처음부터 웹 어플리케이션으로 개발하게 되었습니다. 이것 역시 django를 통해 개발을 시작해 로컬서버, 포트 포워딩을 통한 로컬서버에 이어 AWS 웹서버까지 개발 범위가 계속 확장되어왔고, 이제는 정상적으로 서비스를 제공하고 있는 상황입니다.

Q 마지막으로 하고 싶은 이야기가 있나요?

A 습관 공부를 석 달째, 그리고 본격적인 '5분만' 활동을 두 달째 하고 있는 지금, 이 모든 습관을 시작하던 때의 나를 생각해봤습니다. 3개월 전의 나에게 하루에 30분 이상 프로그래밍 공부를 하는 단순한 일만으로 python, django, pyqt, kivy, aws, google api에 이르는 다양한 분야를 알게 될 것이라고 말했다면 뻔뻔한 농담이라고 생각했을 거예요. 하지만 그 작은 습관이 3개월 만에 실제로 나를 여기까지 데려왔습니다.

현재 시스템은 개발 중이고, 이대로 1년이 흘렀을 때 내가 어떤 자리에 서있을지 상상해보면 스스로도 무척 기대가 됩니다. 여러분도 자신의 관심 분야에 대한 일로 습관을 시작한다면, 뜻하지 않는 기회로 크게 성장할 수 있으리라 기대합니다.

우리는 '확실한' 성장을 하고 싶었습니다.

공부에는 자신이 있었기에 습관도 체계적으로 공부할 수 있을지 확인하고 싶었습니다. 그래서 친구들과 '5분만'을 시작했고, 6년에 걸쳐 연습하고 검증했습니다. 덕분에 습관을 시작하기 전 단계인 마인드세팅부터 습관 선택 방법, 시작과 유지 방법, 누적숫자를 담은 습관 결과물 관리와 습관의 효과, 브랜드 형성까지 분석하고 경험할 수 있었습니다.

우리는 새로운 습관을 디자인하는 모든 과정을 습관 시스템으로 구축했습니다. 이론적으로만 접근하려 하지 않았습니다. 매일 200명이 넘는 사람들과 함께 습관을 실행하면서 500개 이상의 메시지를 주고받았고, 이를 통해 시스템을 직접 경험하며 개선하고 있습니다.

많은 사람들이 함께하는 일이라 힘은 분명 들지만, 힘든 것보다 더 큰 보람이 우리를 움직이고 있습니다.

서울대학교 습관 디자인 프로젝트 '5분만'을 통해 알게 된 것은 세 가지입니다.

첫째, 습관은 우리가 가장 확실하게 성장할 수 있는 방법입니다.

오래된 비유지만, 세상이 빛의 속도로 변한다는 말은 여전히 유효합니다. 하지만 이렇게 빠르게 변하는 시대에도 변하지 않는 것이 있습니다. 바로 나 자신입니다. 우리가 성장하기 위한 방법도 크게 다르지 않습니다. 자신에게 맞는 습관을 찾아 반복하면서 작은 성공을 경험하고, 계속해서 습관을 개선함으로써 우리는 성장할 수 있습니다.

'5분만' 프로젝트에 참여한 회원들은 높은 목표의식과 의욕으로 가득했습니다. 무엇이든 열심히 하는 것이 습관이었기 때문에 습관 공부에도 유리했습니다. 하지만 우리 모두가 처음부터 성공적으로 습관 디자인을 한 것은 아닙니다. 무리하게 계획을 세우는 바람에 실패를 거듭하는 사람도 많았습니다.

'5분만'을 시작하면서 습관 시스템을 구축하고, 그에 맞춰 습관 과제들을 설정하고 실천하면서 좀 더 수월하게 습관을 공부할 수 있었습니다. 커뮤니티를 통해 서로를 격려하고 습관 결과물을 쌓으면서 습관 디자인에 성공하는 경험을 쌓을 수 있었죠. 이 과정을 통해 우리가 가지고 있던 부담을 조금씩 내려놓을 수 있었고, 지금도 각자에게 맞는 습관을 찾기 위해 노력하고 있습니다.

'일신우일신日新又日新'이라는 말이 있습니다. 매일매일을 새롭게 한다는 뜻이죠. 우리는 습관 공부를 통해 조금씩 자신을 받아들이고, 최적화된 습관 시스템을 통해 자존감을 강화하고 있습니다. 매일 성공의 작은 기쁨을 누릴 수 있는 것도 특혜라면 특혜라고 할 수 있을 것 같습니다.

둘째, 습관은 누구나 배울 수 있습니다.

그동안 우리는 자신의 습관을 가진 사람들을 그냥 대단하다고만 생각했습니다. 그런 습관을 만드는 법을 배울 수 있다는 생각은 하지 못한 채 말이죠. 저도 그렇게 생각했습니다. 책에서 본 성공한 사람들의 성공 스토리는 충분히 멋졌지만, 마치 연예인처럼 나오는 거리가 있는 사람들일 것이라고 생각했습니다.

　서울대학교 사람들도 자신만의 약점이 있고, 그것이 해결될 수 있으리라 크게 기대하지 않고 시작한 경우가 많았습니다. 공부는 잘했지만, 운동은 평생 꾸준히 해본 적이 없는 것처럼 말이죠.

우리는 체계화된 습관 디자인 단계를 영어의 알파벳부터 배우는 심정으로 하나씩 밟아가며 새롭게 공부했습니다. 많은 시행착오를 거쳤지만, 결국 시간이 지나면서 일정한 수준의 습관 시스템을 갖추게 되었습니다. 각각의 재능에 따라 그 성과의 정도는 다르지만, 분명히 연습을 하는 만큼 발전을 이뤘습니다.

셋째, 습관 공부 방법을 배우면 자신이 원하는 습관을 가질 수 있습니다.

습관을 배울 수 있다는 인식의 전환은 자신과 주변 사람들에게 큰 희망이 될 수 있습니다. 소수의 특출 난 사람들만 성공하는 것이 아니라, 평범한 사람들이 습관을 형성할 수 있는 교육 프로그램을 만들었다는 것에도 의미를 두고 싶습니다.

많은 사람들이 습관 공부를 통해 성장하는 모습을 지금까지 지켜봐왔지만 여전히 아쉬움이 큽니다. 습관을 공부하는 법을 10년 전에만 알았더라면 지금은 더 괜찮은 사람이 되어있지 않았을까요? 지금 막 대학에 입학한 친구들이 '5분만'에 참여하는 것을 보면 그래서 조금은 부럽습니다.
　이 부러움은 비단 저만의 것은 아닌 것 같습니다. 인터뷰에 응한 회원들도 대부분 저와 비슷한 생각을 가지고 있었습니다.

● 좀 더 일찍 시작할 수 있었다면 더 좋았을 것 같아요.

● 진작 했었다면 지금은 더 나은 사람이 되었을 것 같습니다.

단 며칠, 몇 주, 몇 개월 만에 새로운 습관을 루틴으로 만들어가는 스스로를 보면서 당연히 할 수 있는 생각입니다. 누가 알 수 있을까요? 습관 공부를 일찍 시작했다면 누군가는 탁월한 사업가가, 누군가는 위대한 작가가 되었을 수도 있지 않을까요?

과거에 대한 아쉬움만큼 미래에 대한 기대도 커졌습니다. 저만 해도 지금까지 500개의 식단일지를 작성했고, 1만 5,000개의 팔굽혀펴기를 했습니다. '5분만' 회원 중 한 명은 실내 자전거로 2,000킬로미터를 달렸고, 또 다른 회원은 영어, 일어, 중국어 공부를 동시에 하고 있습니다. 500개 이상의 개선일지를 작성한 회원, 100일 연속으로 습관 활동을 지속한 회원도 있죠.

'5분만'과 네 개의 세부 모임도 회원들의 성장에 발맞춰 진화하고 있습니다. 인증 시스템을 개선하고, 유튜브 채널을 통해 본격적으로 습관을 공부하려는 사람들과 정보를 공유하고 있죠. 덕분에 중도에 포기하는 사람들이 많이 줄었고, 새롭게 참여하는 사람들은 많이 늘었습니다.

3년 후, 습관 모임과 회원들은 어떤 모습이 되어있을까요? 우리는 그 결과가 정말 궁금합니다. 어제보다 오늘의 내가 나아지고, 오늘보다 조금 더 나은 내일을 기다리는 것은 무척 즐거운 일입니다. 그리고 그 기대 자체로 이미 하나의 행복이 됩니다.

대한민국에서 가장 의욕적이고 가장 의지가 강한 사람들과 습관 모임을 만들어 성공적으로 운영해왔다고 자부합니다. 어쩌면 성공하기 쉬운 집단과 함께했기에 빠르게 이룰 수 있었던 성과일 수도 있습니다.

그래서 다시 한 번 도전을 시작했습니다. 이 경험을 바탕으로 대치동에서 학부모를 위한 습관 모임과 SNS를 통해 모집한 사람들과의 습관 모임을 개설해 범위를 조금씩 넓혀가고 있습니다. 습관의 발전 속도는 조금씩 다르지만, 우리는 서울대학교에서 얻을 수 있었던 성과와 비슷한 수준의 결과를 확인하고 있습니다.

우리의 궁극적인 목표는 우리의 습관 시스템을 학습 시스템과 결합해 공부를 습관으로 만드는 것입니다. 어렸을 때부터 습관을 공부하고 디자인하는 과정을 익힌다면 우리가 느꼈던 아쉬움을 다른 사람들은 되풀이하지 않을 것이라 확신합니다.

습관 시스템을 구축하고 발전시키는 것은 연습과 경험이라고 생각합니다. 이 책이 밝은 미래를 위해 지금부터 작은 습관을 시작하는 계기가 되었으면 좋겠습니다.

강주헌 역 (2012). 습관의 힘. Charles Duhigg의 The Power of Habit. 갤리온.

강주헌 역 (2014). 리추얼. Mason Currey의 Daily Rituals. 책읽는 수요일.

강혜정 역 (2016). 1만 시간의 재발견. Anders Ericsson와 Robert Pool의 Peak: Secrets from the New Science of Expertise. 비즈니스북스.

경향닷컴 (2010). 직장인이 꼭 해야 할 것 1위?. 2019.1.21. 검색. http://news.khan.co.kr/kh_news/khan_art_view.html?artid=201004091100011&code=940100

구세희 역 (2014). 습관의 재발견. Stephen Guise의 Mini Habits: Smaller Habits, Bigger Results. 비즈니스북스.

김경섭 역 (2017). 성공하는 사람들의 7가지 습관. Stephen Richards Covey의 The Seven Habits of Highly Effective People. 김영사

김미정 역 (2016). 그릿(Grit). Angela Duckworth의 Grit: The Power of Passion & Perseverance. 비즈니스북스.

김새진 역 (2015). 자존감의 여섯 기둥. Nathaniel Branden의 Six Pillars of Self-Esteem. 교양인.

김예은 (2017). "무서웠다" 싸이 '강남스타일' 성공후 슬럼프 후폭풍. 2019.1.20. 검색. http://www.newsen.com/news_view.php?uid=201705132319004110

김준수 역 (2017). 마인드셋. Carol S. Dweck의 Mindset: The New Psychology of Success. 스몰빅라이프.

나일주 (2009). 교육공학 관련이론 (2판). 교육과학사.

노정태 역 (2009). 아웃라이어. Malcolm Gladwell의 Outliers. 김영사.

노현섭 (2018). 애플 팀 쿡, 전직원에 스탠딩 데스크 지급. 2019.1.20. 검색. https://www.sedaily.com/NewsView/1SOUFY2GGQ

뉴스팀 (2018). 송은이, 이영자 고백 "실패 없이 데뷔" vs "오디션 8번 낙방". 2019.1.20. 검색. http://www.segye.com/newsView/20180720002490

바이크조선 (2014). 미캐닉룸_하이브리드 자전거의 정비 (2) 안장 높이 와 각도 조절. 2019.1.19. 검색. http://bike.chosun.com/site/data/html_dir/2014/12/12/2014121202645.html

박세연 (2017). '매일 그대와' 최수종 "아침형 인간, 아침프로 부담 없다.". 2019.1.20. 검색. http://star.mk.co.kr/v2/view.php?mc=ST&&year=2017&no=76322

성은모, 임정훈 역 (2012). 학습과학 원리와 실천적 적용. Richard Mayer의 Applying the Science of Learning. 아카데미프레스.

성은모, 채유정, 이성혜 (2017). 영재학습자의 자기주도학습역량 탐색. 영재교육연구, 27(3), 299–329.

성은모, 최효선 (2016). 고등학생 성적 우수자의 자기주도학습역량 요인 탐색. 아시아교육연구, 17(4), 215–237.

성은모, 최효선 (2016). 대학교육에 성적 우수 학습자의 자기주도학습역량 요인 탐색. 교육공학연구, 32(2), 427–452.

이경식 역 (2013). 승자의 뇌. Ian Robertson의 The Winner Effect. 알에이치코리아.

장원철 역 (2016). 아주 작은 반복의 힘. Robert Maurer의 One Small Step Can Change Your Life: The Kaizen Way. 스몰빅라이프.

정인성, 나일주 (1989). 최신교수설계 이론. 교육과학사.

최인철, 서은국 역 (2006). 행복에 걸려 비틀거리다. Daniel Gilbert의 Stumbling on HAPPINESS. 김영사.

황정원 (2019). 유튜브 '열풍', 어디까지 갈까. 2019.1.20. 검색. http://www.upinews.kr/news/newsview.php?ncode=1065613928421977

Hill, T., & Westbrook, R. (1997) SWOT analysis: It's time for a product recall. Long Range Planning, 30(1), 1~146.

Lally, P., Van Jaarsveld, C. H. M., Potts, H. W. W., Wardle, J. (2010) How are habits formed: Modelling habit formation in the real world. European Journal of Social Psychology, 40(6), 998~1009.

Maltz, M. (1960). Psycho-Cybernetics. Englewood Cliffs, N.J. : Prentice Hall Press.

Muraven, M., & Baumeister, R. F. (2000). Self-regulation and depletion of limited resources: Does self-control resemble a muscle? Psychological Bulletin, 126(2), 247–259.

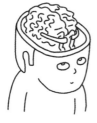